Goutta Snetkov

# Illustrated Russian Grammar

Иллюстрированная грамматика русского языка
Элементарный уровень

ISBN  978-1-5262-0034-1

Published by **RLT Books**
Information on this title: info@russianlessons.co.uk

Illustrated Russian Grammar
Copyright © 2016 Goutta Snetkov. All rights reserved.
First paperback edition printed 2016 in the United Kingdom.

Illustrations by Nicole & Michelle Feldman
Cover design by Natalia Ivanova
Editor Prof. Emma Archangelska

A catalogue record for this book is available
from the British Library.

# Contents

# 1 RUSSIAN ALPHABET

| | | | | |
|---|---|---|---|---|
| А а | *А а* _____ | П п | *П п* _____ |
| Б б | *Б б* _____ | Р р | *Р р* _____ |
| В в | *В в* _____ | С с | *С с* _____ |
| Г г | *Г г* _____ | Т т | *Т т* _____ |
| Д д | *Д д* _____ | У у | *У у* _____ |
| Е е | *Е е* _____ | Ф ф | *Ф ф* _____ |
| Ё ё | *Ё ё* _____ | Х х | *Х х* _____ |
| Ж ж | *Ж ж* _____ | Ц ц | *Ц ц* _____ |
| З з | *З з* _____ | Ч ч | *Ч ч* _____ |
| И и | *И и* _____ | Ш ш | *Ш ш* _____ |
| Й й | *Й й* _____ | Щ щ | *Щ щ* _____ |
| К к | *К к* _____ | ъ | *ъ* _____ |
| Л л | *Л л* _____ | ы | *ы* _____ |
| М м | *М м* _____ | ь | *ь* _____ |
| Н н | *Н н* _____ | Э э | *Э э* _____ |
| О о | *О о* _____ | Ю ю | *Ю ю* _____ |
| | | Я я | *Я я* _____ |

| | | | | | |
|---|---|---|---|---|---|
| **Hard vowels:** | а | о | у | э | ы |
| **Soft vowels:** | я | ё | ю | е | и |

Cyrillic letters that look similar to Latin letters are in GREEN.
Cyrillic letters that have elements which look similar to Latin letters are in BLUE.
Cyrillic letters that are not analogous to Latin letters are in RED. ➡

# 1. Exercises

**Ex. 1.1** Copy these letters.

Б Б Б Б

б б б б

Ж Ж Ж Ж

ж ж ж ж

Ф Ф Ф Ф

ф ф ф ф

Ц Ц Ц Ц

ц ц ц ц

ъ ъ ъ ъ

ы ы ы ы

ь ь ь ь

Э Э Э Э

э э э э

Ю Ю Ю Ю

ю ю ю ю

Я Я Я Я

я я я я

**Ex. 1.2** Choose and write the correct word in Russian.

*Парк*

*кафе*

*Музей*

*Метро*

*такси*

~~*аэропорт*~~
*автобус*

*стадион*

*аэропорт*
~~*автобус*~~

*банк*

✓  ✓  ✓  ✓  ✓  ✓  ✓  ✓  ✓

автобус, кафе, парк, музей, метро, такси, стадион, банк, аэропорт

# 1. Exercises

**Ex. 1.3** Choose and write the correct word in Russian.

*бизнесмен*   *секрет*   *фермер*

*турист*   *Профессор*   *спортсмен*

*Музыкант*   *офицер*   *студент*

турист, бизнесмен, музыкант, профессор, студент, фермер, секретарь, спортсмен, офицер

# NOUNS

## 2.1 GENDER

| Feminine | Masculine | Neuter |
|---|---|---|
|  |  |  |
| Ламп**а** | Автобус | Вин**о** |

Feminine ending: **а**, **я**
Это Ан**я**. Он**а** студентк**а** и спортсменк**а**.
Её фамили**я** Петров**а**.

Masculine ending: consonants **н**, **т**, **в**, ... or **й**
Это Андре**й**. Он спортсме**н** и студен**т**.
Его фамилия Ивано**в**.

Neuter ending: **е**, **о**
Они пьют вин**о** в каф**е**.

## 2.1 Exercises

**Ex. 2.1.1** Use the nouns below to write descriptions of Maria and Ben (pay attention to their gender).

Мария *оптимистка*
*актриса*
*спортсменка*
*итальянка*

Бен *американец*
_____
_____
_____

Пессимист, профессор, оптимистка, актриса, спортсменка, экономист, итальянка, американец

**Ex. 2.1.2** Sort the following words according to their gender.

Адрес, метро, мама, паспорт, опера, кредит, письмо, бизнес, фамилия, чай, кино, водка, коньяк, офис, радио, телефон, компания, бар, система, клиент, брат, сестра

| Masculine (Он) | Neuter (Оно) | Feminine (Она) |
|---|---|---|
| вирус | утро | виза |
| *адрес* | *метро* | *мама* |
| *паспорт* | *письмо* | *опера* |
| *кредит* | ~~*фамилия*~~ | *фамилия* |
| *бизнес* | *кино* | *водка* |
| *чай* | *радио* | ~~*компа*~~ *компания* |
| *коньяк* | | *система* |
| *офис* | | *сестра* |
| *телефон* | | |
| *бар* | | |
| *клиент* | | |
| *брат* | | |

**Ex. 2.1.3** Insert the following words with the correct gender form.

**My is** мой **(masculine),** моё **(neuter),** моя **(feminine).**

| | |
|---|---|
| письмо | letter |
| фамилия | surname |
| чай | tea |
| брат | brother |
| сестра | sister |
| утро | morning |

Виза, адрес, мама, кафе, метро, проблема, паспорт, брат

Это я, Оля

Это **мой телефон**

Это мой _____

Это моя _____

Это моё _____

Это моя _____

Это я, Пётр

Это моё _____

Это мой _____

Это моя _____

Это мой _____

## 2.2 SINGULAR AND PLURAL

| Singular | Plural |
|---|---|

_ , а / **я**, **ь** ⟶ **ы** / **и**

| | | | |
|---|---|---|---|
| | кот | | кот**ы** |
| | лампа | | ламп**ы** |
| | рубль | | рубл**и** |
| | фотография | | фотографи**и** |

**о** / **е** ⟶ **а** / **я**

| | | | |
|---|---|---|---|
| | письмо | | письм**а** |
| | платье | | плать**я** |

**!** after letters Г, К, Х, Ж, Ш, Ч, Щ – **И** instead of **ы**

**Книга**

**Книги**

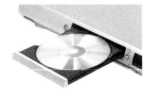

**Диск**

**Диски**

# 2.2 Exercises

**Ex. 2.2.1**   Write the plural of the following words.

| | | | |
|---|---|---|---|
| спортсмен | *спортсмены* | рубль | *рублы* |
| сувенир | *сувениры* | музей | *музеи* |
| час | *часы* | гость | *гости* |
| стадион | *стадионы* | трамвай | *трамваи* |
| ресторан | *рестораны* | словарь | *словари* |

| час | hour |
|---|---|
| гость | guest |
| трамвай | tram |
| словарь | dictionary |

| страна | country |
|---|---|
| неделя | week |
| семья | family |

| этаж | floor |
|---|---|
| урок | lesson |
| нож | knife |
| книга | book |
| кошка | cat |

| | | | |
|---|---|---|---|
| страна | *страны* | неделя | *недели* |
| виза | *визы* | фамилия | *фамилии* |
| опера | *оперы* | профессия | *профессии* |
| программа | *программы* | семья | *семьи* |
| фирма | *фирмы* | экскурсия | *экскурсии* |

| | | | |
|---|---|---|---|
| этаж | _____ | книга | _____ |
| урок | _____ | кошка | _____ |
| банк | _____ | студентка | _____ |
| нож | _____ | спортсменка | _____ |
| парк | _____ | артистка | _____ |

**Ex. 2.2.2**   Write the plural in brackets.

| встреча | meeting |
|---|---|
| ключ | key |
| завтрак | breakfast |

Встреча   (_____) в центре.

Концерт   (_____) в Токио.

Футболист   (_____) на стадионе.

Это документ (_____).

Ключ   (_____) здесь. Завтрак (_____) в кафе.

Туристка   (_____) в музее.

## 2.3 SOME EXCEPTIONS

**Человек**          **Люди**          **Ребёнок**          **Дети**

### Only exists as plural in Russian

**Деньги**          **Очки**          **Часы**          **Шахматы**

### Only exists as singular in Russian

**Обувь**          **Одежда**

### Mostly used as plural in Russian

**Овощи**          **Фрукты**

. Кандинский. На белом II (1923 г.)

# 3 NOUNS: CASES

In Russian, nouns change their endings according to their function in a sentence. Russian nouns have six cases.

| | |
|---|---|
| Доктор | Медсестра |
| Доктора | Медсестру |
| Доктора | Медсестры |
| Доктору | Медсестре |
| Доктором | Медсестрой |
| Докторе | Медсестре |

## 1. Nominative case

Это доктор.
This is a doctor.

Это медсестра.
This is a nurse.

## 2. Accusative case

Медсестра знает доктора.
The nurse knows the doctor.

Доктор знает медсестру.
The doctor knows the nurse.

## 3. Genitive case

Здесь нет доктора.
There is no doctor here.

Здесь нет медсестры.
There is no nurse here.

## 4. Dative case

Медсестра отвечает доктору.
The nurse replies to the doctor.

Доктор говорит медсестре.
The doctor talks to the nurse.

## 5. Instrumental case

Медсестра рядом с доктором.
The nurse is near to the doctor.

Доктор рядом с медсестрой.
The doctor is near to the nurse.

## 6. Prepositional case

Медсестра думает о докторе.
The nurse thinks about the doctor.

Доктор думает о медсестре.
The doctor thinks about the nurse.

Neuter nouns in all cases (except the nominative) have the same ending as masculine nouns:

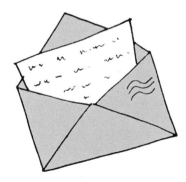

| Nominative | письмо |
| Accusative | письмо |
| Genitive | письма |
| Dative | письму |
| Instrumental | письмом |
| Prepositional | о письме |

# 3.1 NOMINATIVE CASE

The nominative case denotes the ACTOR or the SUBJECT of the action.

The SUBJECT of the sentence is usually in the nominative case.
It answers the question **кто?** who? or **что?** what?

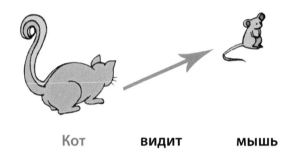

| Кот | видит | мышь |

## Personal pronouns

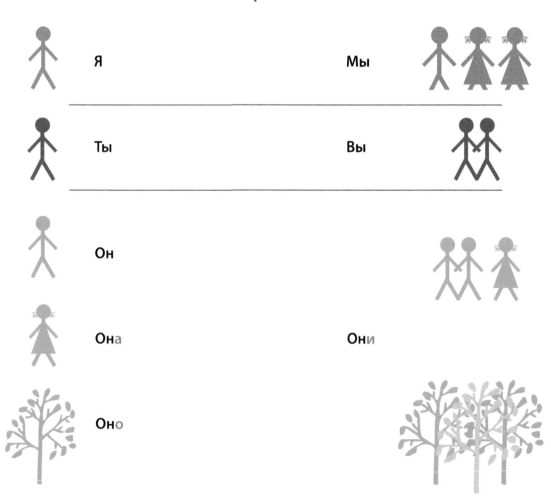

| Я | | Мы |
| Ты | | Вы |
| Он | | |
| Она | | Они |
| Оно | | |

# 3.1 Exercises

**Ex. 3.1.1** Write an appropriate question — Кто это? Что это?

1. _____ ? Это экономист.

2. _____ ? Это стадион.

3. _____ ? Это банк.

4. _____ ? Это программист.

5. _____ ? Это музыкант.

6. _____ ? Это телефон.

7. _____ ? Это футболист.

8. _____ ? Это директор.

9. _____ ? Это ноутбук.

10. _____ ? Это концерт.

**Ex. 3.1.2** Write the appropriate personal pronoun.

1. **We are in Moscow.** _____ в Москве.

2. **I am in Moscow.** _____ в Москве.

3. **They are in Moscow.** _____ в Москве.

4. **You (plural) are in Moscow.** _____ в Москве.

5. **He is in Moscow.** _____ в Москве.

6. **You (singular) are in Moscow.** _____ в Москве.

7. **She is in Moscow.** _____ в Москве.

**Ex. 3.1.3** Write the appropriate personal pronoun.

Том — менеджер. _____ в офисе.

Анна — секретарь. _____ на работе.

Маша и Пётр — журналисты. _____ в кафе.

# 3.2 ACCUSATIVE CASE

## The accusative case is used:

### 1. With prepositions в, на to show the destination.

**Куда?** Where to?

| Москва | | В Москв**у** |
|---|---|---|

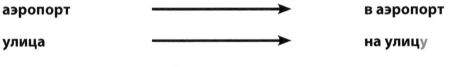

а / я  ⟶  у / ю

Россия  В Росси**ю**

Inanimate masculine nouns in the accusative singular do not change their endings.

аэропорт  ⟶  в аэропорт

улица  ⟶  на улиц**у**

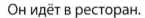

Он идёт в ресторан.

Он идёт на стадион.

### 2. After preposition в to say on a day of the week.

в **суббот**у — on Saturday,

в **понедельник** — on Monday.

# 3.2 Exercises

**Ex. 3.2.1** Write the destination with the correct ending.

(в) ресторан, (в) музей, (в) театр, (в) гостиница,
(на) стадион, (на) улица, (на) работа, (на) концерт

| музей | museum |
|---|---|
| гостиница | hotel |
| улица | street |
| работа | work |

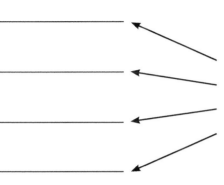

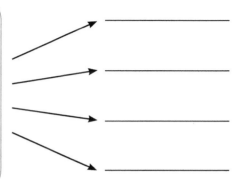

Я иду

**Ex. 3.2.2** Write the nouns in brackets in the accusative case.

| приехать | to arrive |
|---|---|
| месяц | month |
| назад | back |
| утром | in the morning |
| вечером | in the evening |
| еду | I am going to |
| лекция | lecture |
| спортзал | gym |

1. Когда Вы приехали в (Россия) _____ ?

   Месяц назад.

2. Куда ты идёшь завтра? Утром — на (работа) _____ ,

   а вечером — в (ресторан) _____ .

3. Завтра я иду в (университет) _____ на (лекция) _____ ,

   а потом в (спортзал) _____ .

4. В (пятница) _____ я еду в (Италия) _____ .

   В (Рим) _____ ? Нет, в (Пиза) _____ .

**Ex. 3.2.3** Write the day of the week in the accusative case.

| закрыт | closed |
|---|---|
| купить | to buy |
| ездить | to go |
| ходить | to go |
| билеты | tickets |
| играть | to play |

Экзамены будут в _____ (четверг) .

Музей закрыт в _____ (понедельник).

В _____ (среда) мы ездили в Оксфорд.

В _____ (воскресенье) мы ходили на стадион.

В _____ (пятница) Том поехал на дачу.

Туристы купили билеты во _____ (вторник).

В _____ (суббота) я играл в футбол.

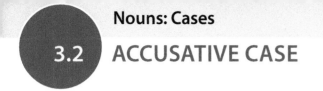

## 3.2 ACCUSATIVE CASE

### 3. To indicate direct object.

**Что?** What? **Кого?** Who?

Animate **masculine nouns change ending in the accusative singular.**

**Что** видит турист?

Турист видит самолёт.

самолёт

**Кого** видит турист?

Турист видит крокодил**а**.

крокодил**а**

_ / ь ⟶ а / я

Крокодил видит турист**а**.

# 3.2 Exercises

**Ex. 3.2.4** Write the nouns with the correct ending.

контракт, книга,
детектив, газета

**1**

Я читаю...

_____ _____

_____ _____

план, письмо,
договор, статья

**2**

Он пишет...

_____ _____

_____ _____

| газета | newspaper |
|---|---|
| договор | contract |
| статья | article |
| песня | song |
| любить | to love, to like |

музыка, джаз,
песня, концерт

**3**

Она слушает ...

_____ _____

_____ _____

театр, артист,
музыкант, балет

**4**

Вы любите?

_____ _____

_____ _____

| молоко | milk |
|---|---|
| сыр | cheese |
| вода | water |
| найти | to find |
| заказать | to book |
| номер | (hotel) room |
| знать | to know |
| забыть | to forget |
| выбрать | to choose |
| изучать | to study |
| лекция | lecture |
| посоветовать | to advise |
| эту | this |
| книга | book |
| заказать | to order |
| ждать | to wait |
| друг | friend |

**Ex. 3.2.5** Write the nouns in brackets with the correct ending.

1. Я не люблю (балет) _____ ,

   но люблю (опера) _____ .

2. Анна купила (молоко) _____ , (сыр) _____

   и (вода) _____ .

3. Джон нашёл (гостиница) _____ и заказал там (номер) _____ .

4. Я знаю ваш (телефон) _____ , но забыл (адрес) _____ .

5. Таня выбрала (салат) _____ и (пицца) _____ .

6. Ньютон изучал (физика) _____ и (математика) _____ .

7. Мой брат не любит (футбол) _____ , он любит (гольф) _____ .

8. Он читал (лекция) _____ и посоветовал эту (книга) _____ .

9. Он заказал (коктейль) _____ и ждал (друг) _____ .

# 3.2 ACCUSATIVE CASE

## 4. To give one's name.

**Как Вас зовут?** What is your name?

**Звать** — to call

Они зов**ут** ➡ Как (они, все) зовут футболиста?  ➡ Как зовут футболист**а**?
Футболист**а** зовут Борис.

| | | | | | |
|---|---|---|---|---|---|
| Я | знаю | Петра | | Пётр знает | **меня** |
| Ты | знаешь | Петра | | Пётр знает | **тебя** |
| Он | знает | Петра | | Пётр знает | **его** |
| Она | знает | Петра | | Пётр знает | **её** |
| Мы | знаем | Петра | | Пётр знает | **нас** |
| Вы | знаете | Петра | | Пётр знает | **вас** |
| Они | знают | Петра | | Пётр знает | **их** |

Ноак **её** зовут? **Её** зовут Маша.

Как **его** зовут? **Его** зовут Пётр.

# 3.2 Exercises

| | |
|---|---|
| вчера | yesterday |
| видеть | to see |
| знать | to know |
| вечером | in the evening |
| собака | dog |
| юрист | lawyer |
| учительница | teacher |

**Ex. 3.2.6** Write the words in brackets in the accusative case.

1. Антон вчера видел (профессор) _____ .

   (Профессор) _____ зовут Алекс.

2. Пётр знает эту (студентка) _____ . (Она) _____ зовут Аня.

3. (Журналист) _____ зовут Джон.

   Я видел (он) _____ вечером в ресторане.

4. У меня две собаки. (Они) _____ зовут Тим и Том.

5. Мой отец — юрист, (он) _____ зовут Пётр.

   Моя мать — учительница. (Она) _____ зовут Марина.

6. Как зовут (спонсор) _____ ? (Он) _____ зовут Майк.

7. Как (Вы) _____ зовут? (Я) _____ зовут Анна. А (ты) _____ ?

**Ex. 3.2.7** Change the personal pronouns in the sentences from the nominative to the accusative case and vice versa. Follow the example below.

| | |
|---|---|
| слышать | to hear |
| ждать | to wait |

**Она** не слышала **меня**, а **я** слышал **её**.

1. **Они** любили **меня**, но _____ не любил _____ .

2. **Он** не знает **нас**, но _____ знаем _____ .

3. **Они** ждали **её**, а _____ не ждала _____ .

4. **Она** любила **его**, и _____ любил _____ .

5. **Я** любил **Вас**, но _____ не любили _____ .

6. **Мы** видели **их**, а _____ не видели _____ .

7. **Вы** знали **его**, а _____ не знал _____ .

## 3.3 GENITIVE CASE

### The genitive case is used:

**1. To show possession.**

Это Яна.

**а / я**

Она журналистка.

Это кот.

**ы / и**

Это кот Яны (кот журналистки).

Это Том.

**_/ ь**

Он учитель.

Это велосипед.

**а / я**

Это велосипед Тома (велосипед учителя).

**2. To indicate the point of departure, with prepositions из, с.**

**Откуда?** Where from?

пришёл    came

Яна — из Москвы.

Том пришёл с работы.

**!** after letters Г, К, Х, Ж, Ш, Ч, Щ — И instead of ы

# 3.3 Exercises

**Ex. 3.3.1** Write the nouns in brackets in the genitive case.

Центр (город)            _____

Рецепт (коктейль)        _____

Порция (суп)             _____

Телефон (Анна)           _____

Адрес (ресторан)         _____

План (музей)             _____

Касса (театр)            _____

Музыка (Бах)             _____

Директор (фирма)         _____

Бутылка (вино)           _____

Президент (компания)     _____

| | |
|---|---|
| **город** | town |
| **касса** | ticket office |
| **бутылка** | bottle |

**Ex. 3.3.2** Write the nouns in brackets in the genitive case.

Профессор из (Оксфорд)   _____

Турист из (Россия)       _____

Юрист из (Лондон)        _____

Документ из (банк)       _____

Фрукты с (рынок)         _____

Студент из (Киев)        _____

Программа с (диск)       _____

Чай из (Китай)           _____

Балет из (Москва)        _____

| | |
|---|---|
| **чай** | tea |
| **Китай** | China |
| **фрукты** | fruits |
| **рынок** | market |

## 3.3 GENITIVE CASE

**3. To express possession after у.**

**У** + genitive case (denotes the possessor) + (есть) + thing possessed in the nominative case.

У Тома есть велосипед.

**Tom has a bicycle.**

У Яны есть кот.

**Iana has a cat.**

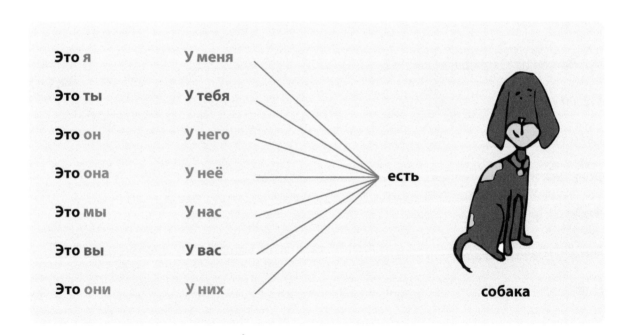

| Это я | У меня | | |
|-------|--------|--|--|
| Это ты | У тебя | | |
| Это он | У него | | |
| Это она | У неё | есть | |
| Это мы | У нас | | |
| Это вы | У вас | | |
| Это они | У них | | собака |

# 3.3 Exercises

**Ex. 3.3.3** Write the nouns in brackets in the genitive case.

У (студент) _____ есть время.

У (журналист) _____ есть документ.

| время | time |

У (теннисистка) _____ есть контракт.

У (программист) _____ есть идея.

У (директор) _____ есть кабинет.

У (музей) _____ есть спонсор.

У (фирма) _____ есть бюджет.

У (партнёр) _____ есть проблемы.

У (Анна) _____ есть хобби.

У (музыкант) _____ есть гитара.

**Ex. 3.3.4** Construct the sentences according to the example below:

У (он) _____ есть телефон. ⟶ **У него** есть телефон.

У (Вы) _____ есть время?

У (мы) _____ есть дача.

| дача | country house |
| кошка | cat |
| деньги | money |
| сад | garden |
| дети | children |
| дом | house |

У (она) _____ есть кошка.

У (он) _____ есть деньги?

У (они) _____ есть сад.

У (вы) _____ есть дети?

У (ты) _____ есть паспорт?

У (я) _____ есть идея.

У (они) _____ есть дом.

## 3.3 GENITIVE CASE

**4. With numbers 2, 3, 4.**

Два велосипед**а**

Три кот**а**

**5. After нет.**

У Том**а** **нет** кот**а**.

У Ян**ы** **нет** велосипед**а**.

**!** after letters **Г, К, Х, Ж, Ш, Ч, Щ — И** instead of **Ы**

# 3.3 Exercises

**Ex. 3.3.5** Write the nouns in brackets in the genitive case.

Два (банан) _____

Четыре (принтер) _____

Три (минута) _____

Две (система) _____

Три (год) _____

Четыре (секунда) _____

Два (рубль) _____

Четыре (час) _____

Две (работа) _____

| | |
|---|---|
| **год** | year |
| **рубль** | rouble |
| **час** | hour |
| **работа** | job, work |

**Ex. 3.3.6** Write the nouns in brackets in the genitive case.

Нет (адрес) _____

Нет (мобильник) _____

Нет (система) _____

Нет (план) _____

Нет (контракт) _____

Нет (виза) _____

Нет (Интернет) _____

Нет (телефон) _____

Нет (проблема) _____

Нет (машина) _____

Нет (ключ) _____

Нет (паспорт) _____

Нет (спонсор) _____

Нет (программа) _____

| | |
|---|---|
| **мобильник** | mobile phone |
| **машина** | car |
| **ключ** | key |

# 3.4 DATIVE CASE

## The dative case is used:

### 1. To indicate a person's age.

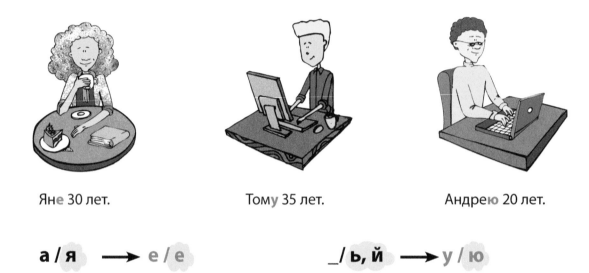

Яне 30 лет.　　　　Тому 35 лет.　　　　Андрею 20 лет.

а / я ⟶ е / е　　　　_/ ь, й ⟶ у / ю

### 2. As the logical subject in the impersonal construction.

**Кому? Чему?** To what? To whom?

Человеку холодно.　　　　Собаке жарко.

# 3.4 Exercises

**Ex. 3.4.1** Write the nouns in brackets in the dative case.

(Студент) _____ 21 год.

(Сын) только _____ 5 лет.

(Бабушка) уже _____ 72 года.

(Кот) скоро _____ 10 лет.

| сын | son |
|-----|-----|
| только | only |
| бабушка | grandmother |
| уже | already |
| кот | cat |

**Ex. 3.4.2** Write the nouns in brackets in the dative case.

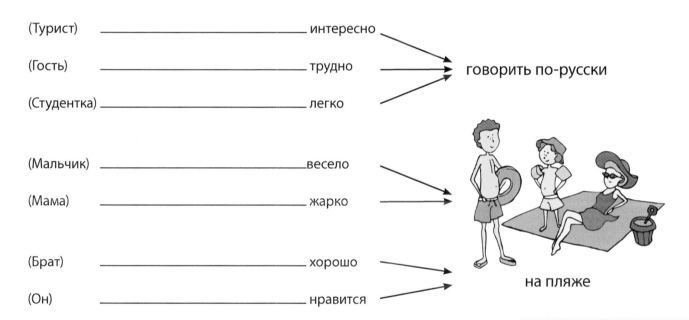

(Турист) _____ интересно

(Гость) _____ трудно → говорить по-русски

(Студентка) _____ легко

(Мальчик) _____ весело

(Мама) _____ жарко

(Брат) _____ хорошо

(Он) _____ нравится

на пляже

| гость | guest |
|-------|-------|
| трудно | difficult |
| легко | easy |
| говорить | to speak |
| мальчик | boy |
| брат | brother |
| нравится | to like |
| пляж | beach |

**Ex. 3.4.3** Write the personal pronouns in brackets in the dative case (page 32).

(Я) _____ нравится Италия.

(Она) _____ нравится йога.

(Вы) _____ нравится опера?

(Ты) _____ нравится Москва?

(Мы) _____ нравится этот парк.

(Он) _____ нравится футбол.

## 3.4 DATIVE CASE

**3. To indicate the recipient of an action after verbs that denote communication and interaction with others: писать** — to write, **звонить** — to call, **говорить** — to talk, ...

**Кому? Чему?** To whom? To what?

Андрей пишет девушк**е**.

Антон звонит шеф**у**.

Профессор говорит студент**у**.

| | | | | | |
|---|---|---|---|---|---|
| Я звоню | Антону | | Антон звонит | **мне** |
| Ты звонишь | Антону | | Антон звонит | **тебе** |
| Он звонит | Антону |  | Антон звонит | **ему** |
| Она звонит | Антону | | Антон звонит | **ей** |
| Мы звоним | Антону | | Антон звонит | **нам** |
| Вы звоните | Антону | | Антон звонит | **вам** |
| Они звонят | Антону | | Антон звонит | **им** |

# 3.4 Exercises

| | |
|---|---|
| **Рождество** | Christmas |
| **подарить** | to present |
| **духи** | perfume |
| **открытки** | postcards |
| **звонить** | to call |
| **работа** | job, work |
| **послать** | to send |

**Ex. 3.4.4** Write the nouns in brackets in the dative case.

На Рождество я подарю (мама) _____ духи,

(брат) _____ виски, (сын) _____ телефон.

Я напишу открытки (Антон) _____ , (Аня) _____ ,

(Иван) _____ и (Андрей) _____ .

Я уже звонил (сестра) _____ и (друг) _____ .

Профессор отдал (gave back) работы (Маша) _____ и (Степан) _____ .

Мы послали e-mail (менеджер) _____ , (директор) _____

и (юрист) _____ .

**Ex. 3.4.5** Change the personal pronouns in the sentences from the nominative to the dative case and vice versa. Follow the example below.

**Я** говорил **тебе**, а **ты** говорил **мне**.

| | |
|---|---|
| **помочь** | to help |
| **рассказать** | to tell |

**Он** написал **Вам**, а _____ написали _____ .

**Мы** позвонили **ей**, и _____ позвонила _____ .

**Они** купили подарок **мне**, а _____ купил подарок _____ .

**Ты** подарил диск **нам**, а _____ подарили цветы _____ .

**Она** помогла **им**, а _____ помогли _____ .

**Вы** рассказали **ему** о выставке, а _____ рассказал _____ о художнике.

**3.4** DATIVE CASE

## 4. To express necessity or possibility.

| | | |
|---|---|---|
| Dative + | **можно** **надо / нужно** **нельзя** | + infinitive |

**Мне** можно есть мороженое.

## 5. With preposition к — to, towards.

**К кому? К чему?**

Мальчик пришел **к** врач**у**.

# 3.4 Exercises

| нельзя | should not |
|---|---|
| **курить** | to smoke |
| **надо** | to need to |
| **позвонить** | to call |
| **нужно** | necessary |
| **пойти** | to go |
| **магазин** | shop |
| **сестра** | sister |
| **окно** | window |
| **выход** | exit |
| **доктор** | doctor |
| **клиент** | client |
| **собака** | dog |
| **море** | sea |
| **торт** | cake |
| **мясо** | meat |
| **любовь** | love |
| **внимание** | attention |
| **текст** | text |
| **вопрос** | question |
| **юрист** | lawyer |

**Ex. 3.4.6** Write the nouns in brackets in the dative case.

(Спортсмен) _____ нельзя курить.

(Яна)          _____ надо позвонить домой.

(Бабушка)   _____ нужно пойти в магазин.

(Менеджер) _____ надо работать.

Человек **идёт к**

(сестра) _____

(окно) _____

(выход) _____

(доктор) _____

(клиент) _____

(собака) _____

(море) _____

Торт к (чай)        _____

Соус к (мясо)      _____

Интерес к (театр)  _____

Любовь к (музыка) _____

Внимание к (текст) _____

Вопрос к (юрист)   _____

## 3.5 INSTRUMENTAL CASE

### The instrumental case is used:

**1.** After the verbs **заниматься** — to do or to study, **быть** — to be, **работать** — to work.

Том занимается спорт**ом**.

Маша будет студентк**ой**.

_ / **ь, й** ⟶ **ом** / **ем**          **а** / **я** ⟶ **ой** / **ей**

| | |
|---|---|
| **заниматься** | to do (something) |
| **будет** | will be |
| **работает** | works |
| **был** | was |

Вася работает строител**ем**.

Иван был официант**ом**.

# 3.5 Exercises

**Ex. 3.5.1** Write the nouns in brackets in the instrumental case.

Антон работает (программист) _____ .

Анна работала (официантка) _____ .

Папа не занимается (спорт) _____ .

Дети занимаются (теннис) _____ .

Моя сестра серьёзно занимается (музыка) _____ .

Мой отец был (инженер) _____ .

Его дед был (генерал) _____ .

Оля будет (актриса) _____ .

Этот спортсмен будет (чемпион) _____ .

| | |
|---|---|
| дети | children |
| серьёзно | seriously |
| отец | father |
| дед | grandfather |

**Ex. 3.5.2** Write the nouns in brackets in the instrumental case.

Мой друг хотел стать (художник) _____ ,

а сейчас работает (юрист) _____ .

Я мечтала стать (балерина) _____

и занималась (балет) _____ .

Мы с (жена) _____

решили заняться (бег) _____ .

Стадион был рядом с (парк) _____ .

Я играл там в теннис с (друг) _____ .

Мальчик часто гулял с (собака) _____ .

| | |
|---|---|
| друг | friend |
| хотеть | to want |
| художник | artist (painter) |
| сейчас | now |
| юрист | lawyer |
| мечтать | to dream |
| стать | to become |
| жена | wife |
| решить | to decide |
| бег | jogging |
| рядом | nearby |
| там | there |
| мальчик | boy |
| часто | often |
| гулять | to walk |

# 3.5 INSTRUMENTAL CASE

## 2. After preposition с — with

Отец с сыном.

Девушка с гитарой.

| Я | говорю | с Антоном |
|---|---|---|
| **Ты** | говоришь | с Антоном |
| **Он** | говорит | с Антоном |
| **Она** | говорит | с Антоном |
| **Мы** | говорим | с Антоном |
| **Вы** | говорите | с Антоном |
| **Они** | говорят | с Антоном |

| Антон говорит | **со мной** |
|---|---|
| Антон говорит | **с тобой** |
| Антон говорит | **с ним** |
| Антон говорит | **с ней** |
| Антон говорит | **с нами** |
| Антон говорит | **с вами** |
| Антон говорит | **с ними** |

# 3.5 Exercises

**Ex. 3.5.3** Write the nouns in brackets in the instrumental case.

| | |
|---|---|
| праздник | holiday |
| Новый год | New Year |
| чай | tea |
| молоко | milk |
| ужин | supper |
| рыба | fish |
| майонез | mayonnaise |

С (праздник) _____

С Новым (год) _____

Чай с (молоко) _____

Ужин с (клиент) _____

Проблема с (виза) _____

Салат с (рыба) _____

и с (майонез) _____

Телефон с (Интернет ) _____

Бутерброд с (сыр) _____

Договор с (банк) _____

**Ex. 3.5.4** Change the personal pronouns in the sentences from the nominative to the instrumental case and vice versa. Follow the example below.

| | |
|---|---|
| работать | to work |
| жить | to live |
| обедать | to have lunch |
| говорить | to talk |
| играть | to play |
| разговаривать | to talk |

Я работал с ним.  **Он** работал **со мной**.

Она жила с нами. _____ .

Мы работали с ними. _____ .

Они обедали со мной. _____ .

Я говорил с вами по телефону. _____ .

Вы были с ним на концерте. _____ .

Ты играл с ней в теннис. _____ .

Он разговаривал с тобой вчера. _____ .

# 3.6 PREPOSITIONAL CASE

## The prepositional case is used:

### 1. To answer the question где? where?

**В** in                    **На** on

**В** ресторан**е**

| гостиница | hotel |
|---|---|
| кухня | kitchen |
| экскурсия | tour |
| здание | building |
| площадь | square |

| Гостиница | В гостиниц**е** | **а / я** ⟶ |
| Кухня | На кухн**е** | ⟶ **е** |
| Банк | В банк**е** | **_ / ь, й** ⟶ |

| Экскурсия | На экскурси**и** | **ия** ⟶ |
| Здание | В здани**и** | **ие** ⟶ **и** |
| Площад**ь** (f.) | На площад**и** | **ь** ⟶ |

# 3.6 Exercises

**Ex. 3.6.1** Connect the questions to the right answers.

| | |
|---|---|
| Где обед? | В Москве. |
| Где дети? | В паспорте. |
| Где футболист? | В цирке |
| Где клоун? | В офисе. |
| Где виза? | В ресторане. |
| Где банкир? | На стадионе. |
| Где Кремль? | В парке. |

| | |
|---|---|
| обед | lunch |
| дети | children |
| клоун | clown |
| цирк | circus |

**Ex. 3.6.2** Write the nouns in brackets in the prepositional case.

Где ваш «Форд»? Он в (гараж) _____ .

Где ты был? Я был на (работа) _____ .

Где ты работаешь? В (банк) _____ .

Туристы в (гостиница) _____ .

Где деньги? Они в (сейф) _____ .

Мы были на (балет) _____ .

Вы живёте в (дом) _____ ? Нет, в (квартира) _____ .

Ужин будет в (бар) _____ или в (ресторан) _____ ?

| | |
|---|---|
| гараж | garage |
| работа | work |
| гостиница | hotel |
| деньги | money |
| дом | house |
| квартира | apartment |
| ужин | supper |
| жить | to live |

**Ex. 3.6.3** Write the name of the country in the prepositional case.

Осло        в    (Норвегия) _____ .

Париж       во   (Франция) _____ .

Лондон      в    (Англия) _____ .

Барселона   в    (Испания) _____ .

Токио       в    (Япония) _____ .

Москва      в    (Россия) _____ .

| | |
|---|---|
| улица | street |
| дом | house |

**Ex. 3.6.4** Write the nouns in brackets in the prepositional case.

Где Вы живёте? Я живу в (Петербург) _____ на Кубинской (улица) _____ .

Ян живёт в (Париж) _____ и работает в (музей) _____ .

Иван живёт в (Москва) _____ и работает в (фирма) _____ .

Алла актриса, она живёт в (центр) _____ и работает в (театр) _____ .

# 3.6 PREPOSITIONAL CASE

## 2. After the preposition o — about.

**О ком?** Who... about?        **О чём?** What... about?

Журналисты говорили о политике.

| | | | |
|---|---|---|---|
| Читать | | to read | |
| Писать | | to write | |
| Говорить | | to speak | |
| Знать | **о** | to know | about |
| Слышать | | to hear | |
| Помнить | | to remember | |
| Думать | | to think | |

О ком ты думаешь?

| | | | | | |
|---|---|---|---|---|---|
| **Я** | говорю | о Томе | | Том говорит | **обо мне** |
| **Ты** | говоришь | о Томе | | Том говорит | **о тебе** |
| **Он** | говорит | о Томе | | Том говорит | **о нём** |
| **Она** | говорит | о Томе | | Том говорит | **о ней** |
| **Мы** | говорим | о Томе | | Том говорит | **о нас** |
| **Вы** | говорите | о Томе | | Том говорит | **о вас** |
| **Они** | говорят | о Томе | | Том говорит | **о них** |

## 3. With preposition в to say: which month?

**В** декабр**е** In December

**В** июн**е** In June

# 3.6 Exercises

**Ex. 3.6.5** Write the nouns in brackets in the prepositional case.

| | |
|---|---|
| книга | book |
| лекция | lecture |
| новости | news |

Эта книга о (музыка) _____ ? Да, о (джаз) _____ .

Лекция об (экономика) _____ .

Детектив о (мафия) _____ .

Информация о (футбол) _____ .

Новости о (Россия) _____ .

Фильм о (Шекспир) _____ .

**Ex. 3.6.6** Write the nouns in brackets in the prepositional case.

| | |
|---|---|
| закрыт | closed |
| дача | country house |
| Рождество | Christmas |
| говорить | to talk |
| помнить | to remember |
| знать | to know |
| слышать | to hear |
| думать | to think |
| писать | to write |
| рассказывать | to tell |

В (август) _____ театр закрыт.

Экзамены были в (сентябрь) _____ .

В (ноябрь) _____ мы были в (Япония) _____ .

В (июль) _____ я жил на (дача) _____ .

В (Россия) _____ Рождество в (январь) _____ ,

а в (Европа) _____ в (декабрь) _____ .

**Ex. 3.6.7** Change the personal pronouns in the sentences below from the nominative to the prepositional case and vice versa. Follow the example below.

Я говорил **о нём**. **Он** говорил обо **мне**.

Она помнила о нас. _____

Мы знали о них. _____

Они слышали обо мне. _____

Я думал о Вас. _____

Вы писали о нём. _____

Ты рассказывал о ней. _____

Он говорил о тебе вчера. _____

# 3.7 CASES. REVISION. EXERCISES

| гость | guest |
|-------|-------|
| чай | tea |
| дождь | rain |

## Fill in the endings.

**Борис**

**Андрей**

| Nominative | Accusative | Genitive | Dative | Instrumental | Prepositional o |
|------------|------------|----------|--------|--------------|-----------------|
| Борис | Борис____ | Борис____ | Борис____ | Борис____ | Борис____ |
| Адрес | Адрес____ | Адрес____ | Адрес____ | Адрес____ | Адрес____ |
| Банк | Банк____ | Банк____ | Банк____ | Банк____ | Банк____ |
| План | План____ | План____ | План____ | План____ | План____ |
| Андрей | Андре____ | Андре____ | Андре____ | Андре____ | Андре____ |
| Гость | Гост____ | Гост____ | Гост____ | Гост____ | Гост____ |
| Чай | Ча____ | Ча____ | Ча____ | Ча____ | Ча____ |
| Дождь | Дожд____ | Дожд____ | Дожд____ | Дожд____ | Дожд____ |

**Дерево**

**Море**

| Nominative | Accusative | Genitive | Dative | Instrumental | Prepositional o |
|------------|------------|----------|--------|--------------|-----------------|
| Дерево | Дерев____ | Дерев____ | Дерев____ | Дерев____ | Дерев____ |
| Место | Мест____ | Мест____ | Мест____ | Мест____ | Мест____ |
| Окно | Окн____ | Окн____ | Окн____ | Окн____ | Окн____ |
| Яблоко | Яблок____ | Яблок____ | Яблок____ | Яблок____ | Яблок____ |
| Море | Мор____ | Мор____ | Мор____ | Мор____ | Мор____ |
| Счастье | Счасть____ | Счасть____ | Счасть____ | Счасть____ | Счасть____ |

**Fill in the endings.**

**Яна**

**Аня**

| | Nominative | Accusative | Genitive | Dative | Instrumental | Prepositional **o** |
|---|---|---|---|---|---|---|
| | **Яна** | Ян_____ | Ян_____ | Ян_____ | Ян_____ | Ян_____ |
| | **Фирма** | Фирм_____ | Фирм_____ | Фирм_____ | Фирм_____ | Фирм_____ |
| | **Работа** | Работ_____ | Работ_____ | Работ_____ | Работ_____ | Работ_____ |
| | **Машина** | Машин____ | Машин____ | Машин____ | Машин____ | Машин____ |
| | **Аня** | Ан_____ | Ан_____ | Ан_____ | Ан_____ | Ан_____ |
| | **Семья** | Семь_____ | Семь_____ | Семь_____ | Семь_____ | Семь_____ |
| | **Фамилия** | Фамили____ | Фамили____ | Фамили____ | Фамили____ | Фамили____ |
| | **Неделя** | Недел_____ | Недел_____ | Недел_____ | Недел_____ | Недел_____ |

**Choose and write the name Борис in the correct case.**

| работа | job |
|---|---|
| машина | car |
| семья | family |
| неделя | week |
| знает | knows |
| пишет | writes |
| говорит | talks |

Бориса, Бориса, Борисе, Борисом, Борису

Антон знает _____

Антон брат _____

Антон пишет _____

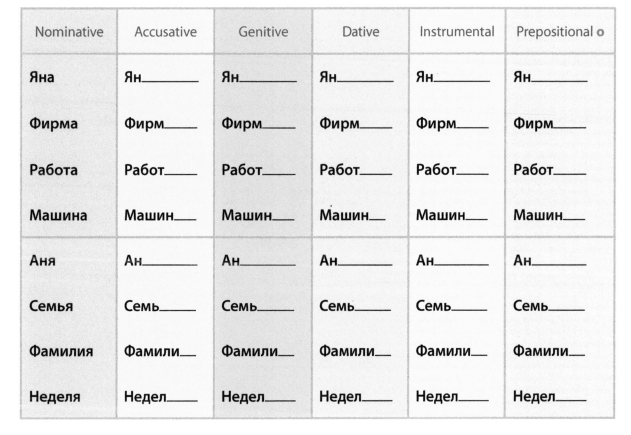

Антон говорит о _____

Антон говорит с _____

## EXERCISES

**Write the names Глеб and Яна in the correct case.**

Это Яна

Яна дочь _____

Яна звонит _____

Яна думает о _____

Яна говорит с _____

Яна любит _____

| | |
|---|---|
| **дочь** | daughter |
| **звонит** | calls |
| **думает** | thinks |
| **говорит** | talks |
| **любит** | loves |
| **отец** | father |

Это Глеб

Глеб отец _____

Глеб звонит _____

Глеб думает о _____

Глеб говорит с _____

Глеб любит _____

**Write the names Андрей and Аня in the correct case.**

Это Аня

Аня соседка _____

Аня звонит _____

Аня думает об _____

Аня говорит с _____

Аня видит _____

Это Андрей

Андрей друг _____

Андрей пишет _____

Андрей помнит об _____

Андрей говорит с _____

Андрей ждёт _____

# 3.8 MOVEMENT TO AND FROM — КУДА? ОТКУДА?

| Accusative | Prepositional | Genitive |
|:---:|:---:|:---:|
| | **Где?** Where? | |
| | В **дом**е, в **офис**е | |
| В | | Из |

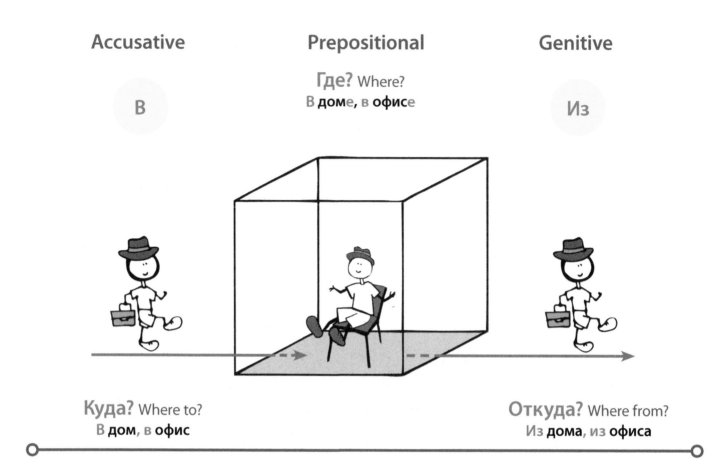

| Куда? Where to? | | Откуда? Where from? |
|:---|:---|---:|
| **Куда?** Where to? | | **Откуда?** Where from? |
| В **дом**, в **офис** | | Из **дома**, из **офиса** |

| | **Где?** Where? | |
|:---:|:---:|:---:|
| | На **улиц**е, на **стадион**е | |
| На | | С |

| Куда? | | Откуда? |
|:---|:---|---:|
| **Куда?** Where to? | | **Откуда?** Where from? |
| На **улиц**у, на **стадион** | | С **улиц**ы, со **стадион**а |

# 3.8 Exercises

| приехать | to arrive |
|----------|-----------|
| поехать | to go |
| жить | to live |
| ходить | to walk |
| прийти | to come |
| быть | to be |
| ездить | to go |

**Ex. 3.8.1** Choose a noun in the correct case.

**1. Москву, Москве, Москвы**

Ян приехал из _____ .

Ян поехал в _____ .

Ян жил в _____ .

**2. Лондон, Лондоне, Лондона**

Оля приехала из _____ .

Оля жила в _____ .

Оля поехала в _____ .

**3. театр, театра, театре**

Я ходил в _____ .

Я пришёл из _____ .

Я был в _____ .

**4. работы, работу, работе**

Менеджер ходил на _____ .

Менеджер был на _____ .

Менеджер пришёл с _____ .

**Ex. 3.8.2** Choose the correct word to complete the question.

**откуда, куда, где**

1. _____ Вы приехали?

2. _____ ты ходил вчера?

3. _____ ты был в Москве?

**откуда, куда, где**

4. _____ Вы ездили утром?

5. _____ Вы жили в Лондоне?

6. _____ ты пришёл?

# 4 ADJECTIVES

## 4.1 GENDER AND NUMBER

Стар**ая** машин**а**

Стар**ый** дом

Стар**ое** дерев**о**

Adjectives change their endings according to the gender,
case and number of the noun they describe.

Как**ая** у Андрея книга?

У Андрея интересн**ая** книга.

Как**ое** это платье?

Это красив**ое** платье.

Как**ой** тут телефон?

Тут нов**ый** телефон.

Как**ие** это цветы?

Это красн**ые** цветы.

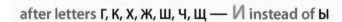

**!** after letters Г, К, Х, Ж, Ш, Ч, Щ — И instead of Ы

# 4.1 Exercises

**Ex. 4.1.1** Fill in the gaps with adjectives.

| Какой город? | Какая станция? | Какое здание? | Какие улицы? | |
|---|---|---|---|---|
| большой | | | | big |
| | старая | | | old |
| | | красивое | | beautiful |
| | | | современные | modern |

| Какой фильм? | Какая актриса? | Какое шоу? | Какие песни? | |
|---|---|---|---|---|
| | | | популярные | popular |
| | | интересное | | interesting |
| | талантливая | | | talented |
| известный | | | | well-known |

| Какая идея? | Какое место? | Какие статьи? | Какой результат? | |
|---|---|---|---|---|
| хорошая | | | | good |
| | новое | | | new |
| | | важные | | important |
| | | | неплохой | not bad |

**Ex. 4.1.2** Fill in the correct forms of the adjectives.

| | |
|---|---|
| новый | new |
| очень | very |
| красивый | beautiful |
| тихий | quiet |
| место | place |
| вкусный | tasty |
| еда | food |
| низкий | low |
| цены | prices |
| уютно | cosy |
| высокий | high |
| потолок | ceiling |
| белый | white |
| стена | wall |
| удобный | comfortable |
| старый | old |
| мебель | furniture |
| приятный | pleasant |

Вот (новый) _____ кафе. Это очень (красивый)

_____ и (тихий)_____ место.

Тут (вкусный) _____ еда и (низкий) _____

цены. В кафе уютно: (высокий) _____ потолок, (белый)

_____ стены, (удобный) _____

(старый) _____ мебель **(feminine)**, (приятный) _____

_____ музыка.

## 4.2 SHORT FORM OF ADJECTIVES

Short forms of adjectives change their endings according to the gender of the nouns they describe.

Стар**ый** профессор.

An old professor.

Профессор был стар.

The professor was old.

Красив**ое** платье.

A beautiful dress.

Платье было красив**о**.

The dress was beautiful.

| готов | ready |
|---|---|
| закрыт | closed |
| занят | busy |
| здоров | healthy |
| прав | right |
| рад | glad |

| болен | больна | больны | ill |
|---|---|---|---|
| должен | должна | должны | have to |
| нужен | нужна | нужны | needed |
| согласен | согласна | согласны | agree |
| свободен | свободна | свободны | free |

A fleeting vowel **е** appears between two consonants in some masculine short forms.

# 4.2 Exercises

**Ex. 4.2.1** Complete these sentences.

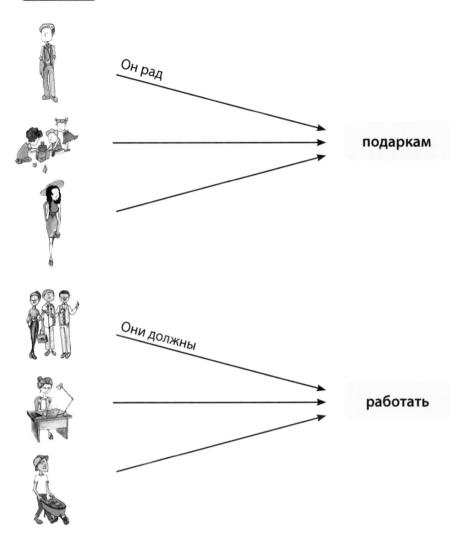

| рад | glad |
| --- | --- |
| подарки | presents |
| должен | have to |
| работать | to work |

**Ex. 4.2.2** Fill in the appropriate short form adjectives in the correct gender/number form.

| занят | busy |
| --- | --- |
| свободен | free |
| вечером | tonight |
| завтра | tomorrow |
| суббота | Saturday |
| пятница | Friday |
| родители | parents |
| сегодня | today |
| открыт | open |
| закрыт | closed |
| магазин | shop |
| воскресенье | Sunday |
| понедельник | Monday |
| когда | when |
| окно | window |
| холодно | cold |
| жарко | hot |
| днём | in the day |

**Занят / свободен**

Вечером Пётр _____ , а завтра он _____ .

В субботу мама _____ , а в пятницу _____ .

Завтра родители _____ , но сегодня они _____ .

**Открыт / закрыт**

Магазины _____ в воскресенье, а в понедельник _____ .

Когда окно _____ — холодно, когда _____ — жарко.

Бар _____ днём, но _____ вечером.

# 4.3 ADJECTIVES AND ADVERBS

**Adverbs are fixed; they do not have a case, gender or number.**

**Как**ая **здесь погода?**          **Здесь хорош**ая, **тёпл**ая **погод**а.

**Здесь тепл**о **и хорош**о. Adverbs

| | |
|---|---|
| какая | what |
| здесь | here |
| погода | weather |
| хорошая | good |
| тёплая | warm |
| климат | climate |
| плохой | bad |
| холодный | cold |
| сегодня | today |

**Как**ой **у них климат?**          **У них плох**ой **климат, холодн**ый.

**Сегодня очень холодн**о. Adverb

# 4.3 Exercises

**Ex. 4.3.1** Translate into Russian.

The weather is very cold here. It is cold here.

_____

The climate is very warm here. It is warm today.

_____

**Ex. 4.3.2** Change the adjective to an adverb.

| | | | |
|---|---|---|---|
| хороший | хорошо | лёгкий (easy) | _____ |
| активный (active) | _____ | талантливый (talented) | _____ |
| дорогой (expensive) | _____ | плохой (bad) | _____ |
| спокойный (calm) | _____ | свободный (free) | _____ |
| интересный (interesting) | _____ | серьёзный (serious) | _____ |
| красивый (beautiful) | _____ | современный (modern) | _____ |

**Ex. 4.3.3** Fill in the gaps using the correct word from those listed in brackets.

| | |
|---|---|
| говорить | to speak |
| по-русски | in russian |
| готовить | to cook |
| блины | pancakes |
| машина | car |
| стоить | to cost |
| нужна | needed |
| такая | such |
| дорогая | expensive |
| известный | well-known |
| прекрасно | excellent |
| страна | country |
| весной | in spring |
| там | there |
| очень | very |
| тепло | warm |
| красивая | beautiful |
| прочитать | to read |
| быстро | quickly |

Том _____ студент. Он _____ говорит

по-русски. (хорошо, хороший)

Папа _____ готовит. Он сделал очень

_____ блины. (вкусные, вкусно)

Эта машина стоила так _____ . А почему тебе нужна

такая _____ машина? (дорого, дорогая)

Он очень _____ музыкант. Он играет

_____ . (прекрасно, известный)

Италия _____ страна. Весной там было очень

_____ . (тепло, красивая)

Это _____ книга, и я прочитала её _____ . (быстро, интересная)

# VERBS

## 5.1 PAST TENSE

| **Дела**ть To do | | **Работа**ть To work |
|---|---|---|

| Что ты (я, он) делал? | Что ты (я, она) делала? | Что вы (мы, они) делали? |
|---|---|---|
|  |  |  |
| Я работал<br>Ты работал<br>Он работал | Я работала<br>Ты работала<br>Она работала | Мы работали<br>Вы работали<br>Они работали |

| давно | недавно | сначала | раньше | вчера | обычно |
|---|---|---|---|---|---|
| a long time ago | recently | first of all | before | yesterday | usually |

| уже | в прошлое воскресенье | на прошлой неделе |
|---|---|---|
| already | last Sunday | last week |

В прошлое воскресенье Маша играла в теннис.

Недавно мы были в ресторане.

# 5.1 Exercises

**Ex. 5.1.1** Complete the table following the example in the top row.

| | | он | она | они |
|---|---|---|---|---|
| видеть | to see | видел | видела | видели |
| говорить | to speak | | | |
| | to wait | | ждала | |
| | to live | | | жили |
| заказать | to order | | | |
| | to call | звонил | | |
| | to play | | | играли |
| | to buy | купил | | |
| | to write | | писала | |
| любить | to like | | | |
| | to watch | | смотрела | |
| | to listen | слушал | | |
| сказать | to tell | | | |

**Ex. 5.1.2** Fill in the correct ending for the past tense.

Он работа_____ в банке.  Она работа_____ в офисе.  Он жи_____ в Лондоне.  Она жи_____ в Москве.

Они не работа_____  Они игра_____ в теннис.

**Ex. 5.1.3** Change the verbs in brackets into the past tense.

Вечером Маша (смотреть) _____ телевизор.

В среду все (быть) _____ свободны.

Недавно спортсмен (купить) _____ машину.

Турист (быть) _____ в баре.

Раньше мы (играть) _____ в теннис.

Вчера Наташа (быть) _____ дома.

Я (ходить) _____ в театр на прошлой неделе.

Я уже (пить) _____ кофе.

| | |
|---|---|
| вечером | tonight |
| купить | to buy |
| все | everybody |
| быть | to be |
| свободны | free |
| дома | at home |
| уже | already |
| пить | to drink |

# 5.2 PRESENT TENSE — 1ST CONJUGATION

| **Слуша**ть To listen | **Чита**ть To read |
|---|---|

| Я | слуша**ю** | | Я | чита**ю** |
|---|---|---|---|---|
| Ты | слуша**ешь** | | Ты | чита**ешь** |
| Она | слуша**ет** | | Он | чита**ет** |
| Мы | слуша**ем** | | Мы | чита**ем** |
| Вы | слуша**ете** | | Вы | чита**ете** |
| Они | слуша**ют** | | Они | чита**ют** |

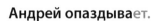

**Андрей опаздыва**ет. **Строители много работа**ют. **Мы игра**ем **в теннис.**

# 5.2 Exercises

**Ex. 5.2.1** Complete the verb conjugation table in the present tense.

|      | To think | To book    | To know | To study | To start    |
|------|----------|------------|---------|----------|-------------|
| Я    |          | заказываю  |         |          |             |
| Ты   |          |            |         |          | начинаешь   |
| Он   |          |            |         | изучает  |             |
| Мы   | думаем   |            |         |          |             |
| Вы   |          |            |         |          |             |
| Они  |          |            | знают   |          |             |

**Ex. 5.2.2** Match the correct ending of the verb to the personal pronoun.

Где Вы работаете?

| Я работа    | ем   |
|-------------|------|
| Ты работа   | ет   |
| Он работа   | ете  |
| Она работа  | ют   |
| Мы работа   | ешь  |
| Вы работа   | ю    |
| Они работа  | ет   |

в цирке.

# EXERCISES

**Ex. 5.2.3** Match each personal pronoun with the appropriate phrase.

| | |
|---|---|
| слушать | to listen |
| ужинать | to have supper |
| читать | to read |
| играть | to play |
| понимать | to understand |
| много | a lot |
| знать | to know |
| рассказывать | to talk |

Я          слуша**ешь** радио?

Ты          ужина**ем** дома

Он          чита**ете** газеты?

Она          игра**ют** в футбол.

Мы          не понима**ю** по-русски.

Вы          много зна**ет**.

Они          хорошо рассказыва**ет**.

**Ex. 5.2.4** Fill in the correct personal pronoun.

| | |
|---|---|
| работать | to work |
| заказывать | to order, to book |
| покупать | to buy |

Вечером **они** ужина**ют** в кафе.

Обычно _____ не работа**ю** в субботу.

_____ заказыва**ет** такси.

_____ часто покупа**ете** новые телефоны?

_____ редко чита**ем** газеты.

_____ слуша**ют** музыку.

| | |
|---|---|
| отдыхать | to rest |
| опаздывать | to be late |

**Ex. 5.2.5** Fill in the correct ending for the verbs.

**Отдыхать**          Где вы отдыха_____ ? Мы отдыха_____ на даче.

**Опаздывать**          Ты опаздыва_____ ? Да, я немного опаздыва_____ .

**Покупать**          Что они сейчас покупа_____ ? Антон покупа_____ вино,

а Маша покупа_____ салат и кофе.

# 5.2 Exercises

**Ex. 5.2.6** Write the appropriate form of the verb for each personal pronoun.

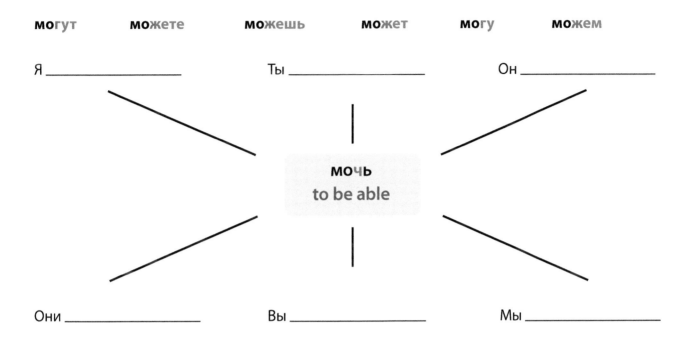

**могут**  **можете**  **можешь**  **может**  **могу**  **можем**

Я _____  Ты _____  Он _____

**мочь**
to be able

Они _____  Вы _____  Мы _____

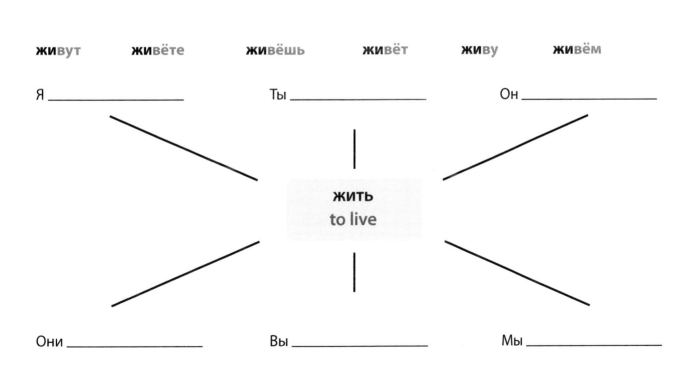

**живут**  **живёте**  **живёшь**  **живёт**  **живу**  **живём**

Я _____  Ты _____  Он _____

**жить**
to live

Они _____  Вы _____  Мы _____

# 5.3 PRESENT TENSE — 2ND CONJUGATION

**Звон**ить  To call

| Я | звоню |
|------|---------|
| Ты | звонишь |
| Она | звонит |
| Мы | звоним |
| Вы | звоните |
| Они | звонят |

**Говор**ить  To talk

| Я | говорю |
|------|---------|
| Ты | говоришь |
| Он | говорит |
| Мы | говорим |
| Вы | говорите |
| Они | говорят |

Маша любит историю.

Мы ловим рыбу.

# 5.3 Exercises

**Ex. 5.3.1** Complete the verb conjugation table in the present tense.

|       | To build | To give a present | To talk | To see | To call |
|-------|----------|-------------------|---------|--------|---------|
| Я     |          |                   |         |        |         |
| Ты    |          |                   |         |        | **звонишь** |
| Он    |          |                   |         | **видит** |         |
| Мы    | **строим** |                 |         |        |         |
| Вы    |          | **подарите**      |         |        |         |
| Они   |          |                   | **говорят** |    |         |

**Ex. 5.3.2** Match the correct ending of the verb to the personal pronoun.

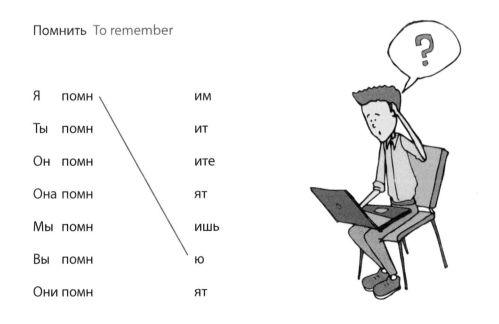

Помнить  To remember

| Я   помн | им |
| Ты  помн | ит |
| Он  помн | ите |
| Она помн | ят |
| Мы  помн | ишь |
| Вы  помн | ю |
| Они помн | ят |

**Я не помню пароль.**

**Ex. 5.3.3** Match each personal pronoun with the appropriate phrase.

| | |
|---|---|
| часто | often |
| ужин | supper |
| смотреть | to watch |
| позвонить | to call |
| строить | to build |
| дача | country house |
| стоять | to stand |
| остановка | stop |
| газеты | newspapers |

Я          часто готов**ишь** ужин?

Ты         смотр**им** телевизор.

Он         позвон**ите** завтра.

Она        стро**ят** дачу.

Мы         сто**ю** на остановке.

Вы         не люб**ит** читать газеты.

Они        хорошо говор**ит** по-русски.

**Ex. 5.3.4** Fill in the correct personal pronoun.

| | |
|---|---|
| сейчас | now |
| обед | dinner |
| обычно | usually |
| звонить | to call |
| сидеть | to sit |
| много | a lot |
| часто | often |
| дарить | to present |

Сейчас **они** готов**ят** обед.

Обычно _____ звон**ю** по скайпу.

_____ сид**ит** в такси.

_____ много говор**ите** по телефону?

_____ часто дар**им** сувениры.

_____ смотр**ят** балет.

| | |
|---|---|
| помнить | to remember |
| ключи | keys |
| конечно | of course |
| стол | table |
| ряд | row |

**Ex. 5.3.5** Fill in the correct ending for the verbs.

**Помнить**    Ты помн_____ , где мои ключи? Конечно, помн_____ — они на столе.

**Сидеть**    Где вы сид _____ ?  Мы  сид_____ в 7-м ряду.

**Говорить**    Что она говор_____ ? Она ничего не говор_____ .

# 5.3 Exercises

**Ex. 5.3.6** Write the appropriate form of the verb for each personal pronoun.

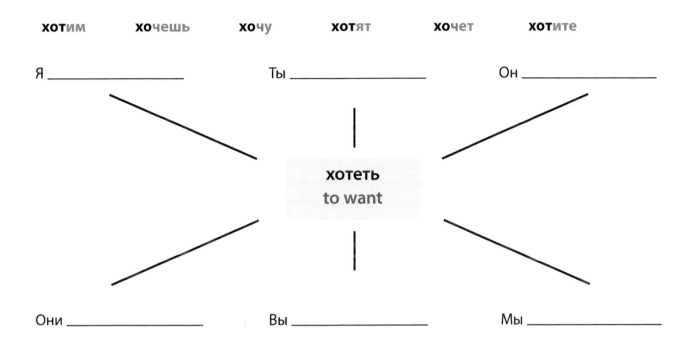

**хот**им     **хо**чешь     **хо**чу     **хот**ят     **хо**чет     **хот**ите

Я _____

Ты _____

Он _____

**хотеть**
**to want**

Они _____

Вы _____

Мы _____

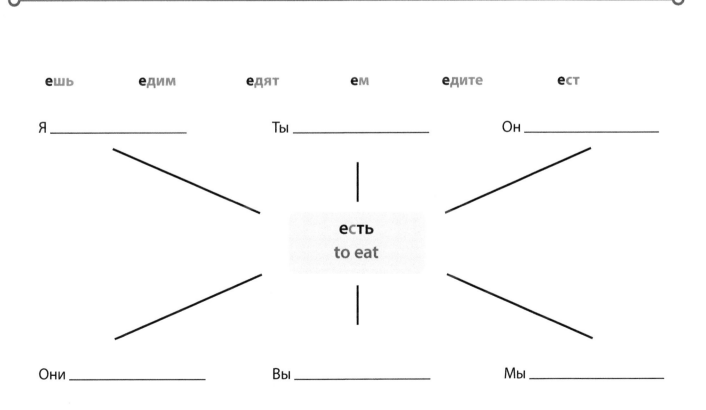

**е**шь     **е**дим     **е**дят     **е**м     **е**дите     **е**ст

Я _____

Ты _____

Он _____

**есть**
**to eat**

Они _____

Вы _____

Мы _____

# 5.4 VERB TO BE — БЫТЬ: PAST, PRESENT, FUTURE

| Past tense | Present tense | Future tense |
|---|---|---|

**Past tense**

Я / ты / он     **был**

Я / ты / она     **была**

Мы / вы / они     **были**

**Present tense**

The verb **БЫТЬ** is omitted in the present tense

**Future tense**

| Я | бу**д**у |
|---|---|
| Ты | бу**д**ешь |
| Он / она | бу**д**ет |
| Мы | бу**д**ем |
| Вы | бу**д**ете |
| Они | бу**д**ут |

---

Сегодня суббота. Это Борис. Он спортсмен.

Сейчас Борис на стадионе.

---

Это Яна. Сейчас Яна в офисе.

Утром она была в спортклубе.

Вечером она будет дома.

# 5.4 Exercises

## Ex. 5.4.1

**Change the sentences from the present to the future tense.**

Мама дома.  Мама будет дома.

Дети в парке. _____

Наш кот на даче. _____

Встреча в кафе. _____

| дома | at home |
|---|---|
| дети | children |
| кот | cat |
| дача | country house |
| встреча | meeting |
| машина | car |
| гараж | garage |
| работа | work |
| школа | school |

**Change the sentences from the present to the past tense.**

Машина в гараже. _____

Ужин в ресторане. _____

Студенты в спортзале. _____

**Change the sentences from the past to the future tense.**

Директор был на работе. _____

Это была моя работа. _____

Дети были в школе. _____

| дом | house |
|---|---|
| улица | street |
| тепло | warm |
| ребёнок | child |
| здоров | healthy |
| обед | dinner |
| стол | table |
| собака | dog |
| остановка | stop |
| ужин | supper |
| занят | busy |

## Ex. 5.4.2 Fill in the missing sentences in the appropriate tense.

| Past tense | Present tense | Future tense |
|---|---|---|
| **Турист был в Москве.** | **Турист в Москве.** | **Турист будет в Москве.** |
| | | Вечером будет футбол. |
| Тут был мой дом. | | |
| | Обед на столе. | |
| На улице было тепло. | | |
| | | Ужин будет в 6 часов. |
| Ребёнок был здоров. | | |
| | Это моя собака. | |
| | | Менеджер будет занят. |
| | Остановка в центре. | |

# 5.5 VERB ASPECT

## Has the action been completed?
## One time or in one direction?

**No**

Imperfective

Писать

Готовить

**Yes**

Perfective

Написать

Приготовить

## VERB ASPECT: PAST TENSE

**Мальчик покупал мороженое.**

**Мальчик купил мороженое.**

# 5.5 Exercises

**Ex. 5.5.1** Change the verbs in brackets to the imperfective past tense.

Что Вы делали вчера?

Журналист _____ (писать) статью.

Иван _____ (готовить) ужин.

Анна _____ (звонить) клиентам.

Он _____ (играл) в теннис.

Мама _____ (покупать) молоко.

Папа _____ (смотреть) футбол.

Студент _____ (учить) русские слова.

Джо и Сам _____ (пить) пиво.

Я _____ (читать) газету.

**делал** **рисовал**

**Ex. 5.5.2** Change the verbs in brackets to the perfective past tense.

| писать | to write |
| статья | article |
| готовить | to prepare |
| звонить | to call |
| играть | to play |
| покупать | to buy |
| молоко | milk |
| смотреть | to watch |
| учить | to learn |
| слова | words |
| пить | to drink |
| пиво | beer |
| газета | newspaper |

Что Вы сделали вчера?

Журналист _____ (**на**писать) статью.

Иван _____ (**при**готовить) ужин.

Анна _____ (**по**звонить) клиентам.

Он _____ (**вы**играть) в теннис.

Мама _____ (куп**ить**) молоко.

Папа _____ (**по**смотреть) футбол.

Студент _____ (**вы**учить) русские слова.

Джо и Сам _____ (**вы**пить) пиво.

Я _____ (**про**читать) газету.

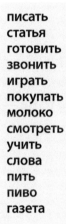

**сделал** **на**рисовал

## 5.6 VERB ASPECT: PRESENT TENSE

In the present tense only the imperfective is used.

**Андрей читает.**

---

## VERB ASPECT: FUTURE TENSE

### Will the action be completed?
### One time or one direction?

**No**

**Yes**

Imperfective

Perfective

The future tense of an imperfective verb is formed using the future tense of to be — **быть** + infinitive of this verb.

The future tense of a perfective verb is formed like that of a present tense, but with the perfective infinitive.

**Андрей будет читать.**

**Андрей прочитает.**

**Он будет ужинать.**

**Он поужинает.**

# 5.6 Exercises

**Ex. 5.6.1** What will these people do? Choose the correct perfective verb.

**вы**пьем, **про**читает, **по**звоню, **по**ужинают, **на**пишете,

Таня скоро _____ книгу.

Сейчас мы _____ кофе.

Вы _____ адрес?

До свидания, я _____ завтра.

Они _____ в ресторане.

| прочитать | to read |
| выпить | to drink |
| написать | to write |
| позвонить | to call |
| поужинать | to have supper |
| купить | to buy |
| посмотреть | to watch |
| построить | to build |
| приготовить | to cook |
| сделать | to make |

**по**строим, куп**ит**, **с**делает, **по**смотрит, **при**готовит,

Сейчас Том _____ билет.

Антон _____ новости.

Мы _____ здесь небоскрёб.

Сегодня Маша _____ ужин.

Менеджер быстро _____ эту работу.

**Ex. 5.6.2** Fill in the gaps using the verbs in the imperfective future tense.

**быть**

Мой отпуск _____ в августе. Мы _____

жить в гостинице и _____ завтракать в кафе. Ты

_____ играть в теннис, а я _____ смотреть

футбол по ТВ. Каждое утро мы _____ ходить на море.

| быть | to be |
| отпуск | holidays |
| жить | to live |
| завтракать | to have breakfast |
| играть | to play |
| смотреть | to watch |
| ходить | to go |
| море | sea |

**работать, делать, писать, разговаривать, делать, смотреть**

Завтра весь день я _____ . Что Вы _____ на работе?

Я _____ доклад, а Антон _____ с клиентами.

А ты что _____ завтра? Я _____ крикет.

# 6

# VERBS OF MOTION

## 6.1 ИДТИ / ЕХАТЬ TO GO

**идти**

Том ид**ёт**.

**ехать**

Том ед**ет**.

Они ид**ут** в парк.
They are going to the park.

Яна ед**ет** на работу.
Iana is going to work.

# 6.1 Exercises

**Ex. 6.1.1** Fill in the appropriate form of **идти**.

Я _____    Ты _____    Он _____

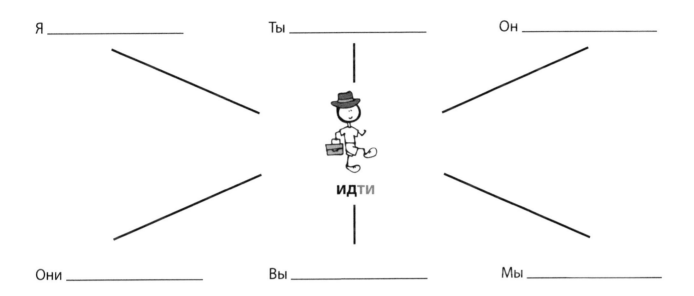

**ид**ти

Они _____    Вы _____    Мы _____

**ид**ём, **ид**у, **ид**ёшь, **ид**ут, **ид**ёте, **ид**ёт

**Ex. 6.1.2** Fill in the correct endings.

Куда ты ид_____? Я ид_____ на стадион.

Они ид_____ в гости.

Куда вы ид_____? Мы ид_____ в кафе.

Антон ид_____ в банк.

## 6.1 EXERCISES

**Ex. 6.1.3** Fill in the appropriate form of **ехать**.

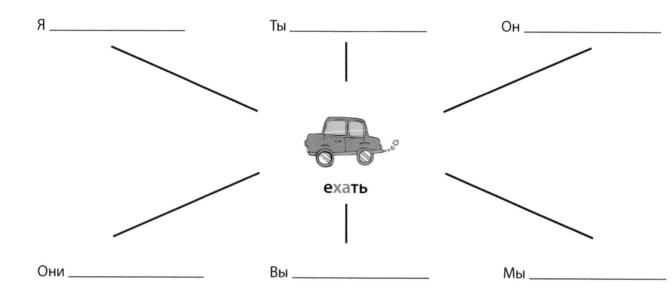

Я _____

Ты _____

Он _____

**ехать**

Они _____

Вы _____

Мы _____

е**дешь**, е**дут**, е**дете**, е**ду**, е**дем**, е**дет**

**Ex. 6.1.4** Fill in the correct endings.

Туристы ед_____ в аэропорт.

Том ед_____ в Москву.

Куда ты ед_____? Я ед_____ на дачу.

Куда вы ед_____? Мы ед_____ в отпуск.

# 6.1 Exercises

**Ex. 6.1.5** Fill in the appropriate form of the verbs.

идти

| домой | home |
| друзья | friends |
| завтра | tomorrow |
| поезд | train |
| отпуск | holidays |
| сначала | first of all |

Куда ты _____ ?

Я _____ домой.

А Маша куда _____? — Я не знаю.

Когда вы _____ в театр?

Мы _____ в театр в субботу, а наши друзья _____ туда завтра.

ехать

Анна и Андрей _____ в аэропорт.

Анна _____ на такси, а Андрей _____ на поезде.

Когда ты _____ в Оксфорд?

Я _____ в Оксфорд завтра.

Куда вы _____ в отпуск?

Сначала мы _____ в Рим, а потом в Верону.

**Ex. 6.1.6** Choose the appropriate subject from the list.

Туристы, мы, вы, Маша, ты, я

| сегодня | today |
| на работу | to work |
| вечером | tonight |
| клуб | club |
| дача | country house |
| сейчас | now |

Сегодня _____ иду на работу в 9 часов.

_____ идут обедать в 2 часа.

Вечером _____ идёт на балет.

Когда _____ идёшь на стадион?

_____ идёте в клуб в пятницу?

_____ идём в офис.

Студенты, мы, вы, Антон, ты, я

_____ едут в Кембридж.

Когда _____ едете на дачу?

Завтра _____ едет в Мадрид.

Сейчас _____ едем в центр.

_____ едешь на такси?

Нет, _____ еду на машине.

## 6.2 ХОДИТЬ / ЕЗДИТЬ TO GO

**ходить**

**ездить**

**Мы часто ходим в парк.**

We often go to the park.

**Я езжу на работу каждый день.**

I go to work every day.

# 6.2 Exercises

**Ex. 6.2.1**  Fill in the appropriate form of the verb **ходить.**

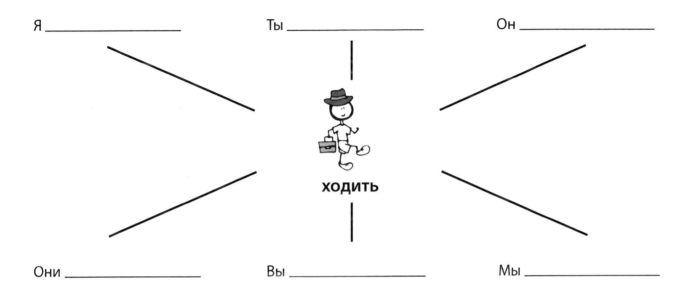

Я _____  Ты _____  Он _____

ходить

Они _____  Вы _____  Мы _____

**ход**им, **хож**у, **ход**ишь, **ход**ят, **ход**ите, **ход**ит

**Ex. 6.2.2**  Fill in the appropriate ending of the verb **ходить.**

| | |
|---|---|
| часто | often |
| обед | lunch |
| пешком | on foot |
| гости | guests |
| редко | rarely |

Я часто хо_____ на стадион.

Куда вы ход_____ обедать?
Мы ход_____ в кафе.

Антон ход_____ на работу пешком.

Они ход_____ в гости редко.

**Ex. 6.2.3** Fill in the appropriate form of the verb **ездить**.

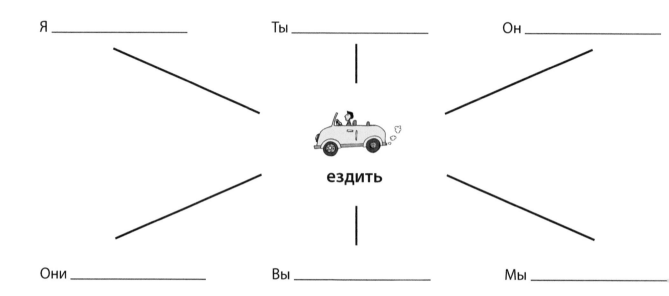

Я _____

Ты _____

Он _____

**ездить**

Они _____

Вы _____

Мы _____

**езд**ишь, **езд**ят, **езд**ите, **ез**жу, **езд**им, **езд**ит

**Ex. 6.2.4** Fill in the correct endings.

Туристы езд_____ по Англии на автобусе.

Том часто езд_____ в Москву.

| | |
|---|---|
| обычно | usually |
| всегда | always |
| часто | often |
| по Англии | around England |

Как ты езд_____ на работу? Обычно я езж_____ на метро.

Куда вы езд_____ в отпуск? Мы всегда езд_____ на море.

# 6.2 Exercises

**6**

### Ex. 6.2.5 Fill in the appropriate form of the verbs.

**Идти, ходить**

Вечером я _____ в театр. Мы с мужем часто _____ в театр.

Антон _____ в спортзал каждый день. Сегодня он тоже

_____ в спортзал.

Куда ты так быстро _____ ? Я просто люблю _____ быстро.

| вечером | in the evening |
| муж | husband |
| каждый | every |
| день | day |
| тоже | also |
| быстро | fast |
| поезд | train |
| шеф | boss |
| редко | rarely |
| командировка | business trip |
| сейчас | now |
| хотя | although |
| иногда | sometimes |

**Ехать, ездить**

Студенты _____ в Кембридж. Они обычно _____ на поезде.

Шеф редко _____ в командировки, но завтра он _____ в Москву.

Сегодня я _____ на автобусе, хотя иногда я _____ на метро.

### Ex. 6.2.6 Fill in the appropriate form of the verbs.

**Идти, ехать**

Когда вы _____ в Киев? Мы _____ в Киев через месяц.

Куда Вы _____ вечером? Я _____ домой.

| через | in |
| месяц | month |
| вечер | evening |
| домой | home |
| пешком | on foot |
| машина | car |
| отпуск | holidays |
| прошлый | last |
| год | year |
| бассейн | swimming pool |
| неделя | week |

**Ходить, ездить**

Я люблю _____ пешком и не люблю _____ на машине.

Куда вы _____ в отпуск в прошлом году? Мы _____ в Крым.

Вы часто _____ в бассейн? Я _____ в бассейн каждую неделю.

**79**

# 6.3 ПОЙТИ / ПОЕХАТЬ TO GO

**The future tense of the perfective verb пойти / поехать
is formed by conjugating it in the same way as идти / ехать
in the present tense.**

Идти ⟶ Пойти                                    Ехать ⟶ Поехать

**Она пойдёт в кино.**

She will go to cinema.

**Они пойдут в парк.**

They will go to the park.

**Он поедет на работу.**

He will go to work.

**Ex. 6.3.1** Fill in the appropriate form of the verb **пойти** to complete the sentences.

**Завтра вечером ...**

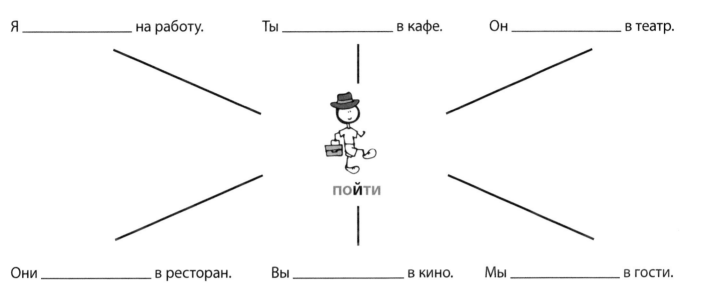

Я _____ на работу.   Ты _____ в кафе.   Он _____ в театр.

пойти

Они _____ в ресторан.   Вы _____ в кино.   Мы _____ в гости.

**пойдёшь, пойдут, пойдёте, пойду, пойдём, пойдёт**

**Ex. 6.3.2** Fill in the appropriate form of the verb **поехать** to complete the sentences.

**В августе ...**

Я _____ в Италию.   Ты _____ во Францию.   Он _____ в горы.

поехать

Они _____ на дачу.   Вы _____ на море.   Мы _____ в Девон.

**поедем, поедешь, поедут, поедете, поеду, поедет**

# 7 NUMBERS

## 7.1 NUMBERS 1–20

| | | | |
|---|---|---|---|
| 1 | один | 11 | одиннадцать |
| 2 | два | 12 | двенадцать |
| 3 | три | 13 | тринадцать |
| 4 | четыре | 14 | четырнадцать |
| 5 | пять | 15 | пятнадцать |
| 6 | шесть | 16 | шестнадцать |
| 7 | семь | 17 | семнадцать |
| 8 | восемь | 18 | восемнадцать |
| 9 | девять | 19 | девятнадцать |
| 10 | десять | 20 | двадцать |

---

1 — **один, одно, одна**  (1 has three forms — masculine, neuter and feminine)*

2 — **два, две**  (2 has two forms — masculine/neuter and feminine)*

\* The form depends on the noun it describes.

---

After **1** nouns take the nominative case.

 **1 час**

After **2, 3** and **4** — the genitive singular.

 **3 часа**

After **5** onwards — the genitive plural.

 **6 часов**

# 7.1 Exercises

**Ex. 7.1.1** Fill in (in word form) the number of objects with the correct ending.

| | | |
|---|---|---|
| _____ банан | _____ яблоко | _____ рыба |
| _____ | _____ | _____ |
| _____ | _____ | _____ |
| _____ | _____ | _____ |

| | |
|---|---|
| **час** | hour |
| **неделя** | week |
| **литр** | litre |
| **место** | place |
| **билет** | ticket |

**Ex. 7.1.2** Complete the table following the examples given.

| | Один  (одно, одна) | Три | Пять |
|---|---|---|---|
| Процент | Один процент | | |
| Минута | | Три минуты | |
| Килограмм | | | Пять килограммов |
| Час | | | |
| Неделя | | | |
| Литр | | | |
| Метр | | | |
| Место | | | |
| Билет | | | |

# 7.2 NUMBERS 20–900

| | | | | |
|---|---|---|---|---|
| 20 | двадцать | 100 | сто |
| 30 | тридцать | 200 | двести |
| 40 | сорок | 300 | триста |
| 50 | пятьдесят | 400 | четыреста |
| 60 | шестьдесят | 500 | пятьсот |
| 70 | семьдесят | 600 | шестьсот |
| 80 | восемьдесят | 700 | семьсот |
| 90 | девяносто | 800 | восемьсот |
| | | 900 | девятьсот |

Пятьдесят рублей

Сто рублей

Пятьсот рублей

Тысяча рублей

# 7.2 Exercises

**Ex. 7.2.1**    Choose the correct house number according to the picture.

| | | | |
|---|---|---|---|
| 1 семьдесят пять | 1 шестьдесят шесть | 1 пятьдесят шесть | 1 семьдесят три |
| 2 восемьдесят пять | 2 пятьдесят семь | 2 сорок пять | 2 семьдесят четыре |
| 3 восемьдесят шесть | 3 шестьдесят семь | 3 сорок шесть | 3 восемьдесят три |

**Ex. 7.2.2**    Write (in word form) the house number according to the picture.

_____     _____

_____     _____

**Ex. 7.2.3**    Write the answer in word form.

двадцать два + двенадцать     = _____

тридцать три + тринадцать     = _____

сорок четыре + четырнадцать     = _____

пятьдесят пять + пятнадцать     = _____

шестьдесят шесть + шестнадцать     = _____

семьдесят семь + семнадцать     = _____

восемьдесят восемь + восемнадцать     = _____

девяносто девять + девятнадцать     = _____

## 7.3 ORDINAL NUMBERS

| | |
|---|---|
| Один | Первый |
| Два | Второй |
| Три | Третий |
| Четыре | Четвёртый |
| Пять | Пятый |
| Шесть | Шестой |
| Семь | Седьмой |
| Восемь | Восьмой |
| Девять | Девятый |
| Десять | Десятый |

Ordinal numerals decline like adjectives (see page 50), *e. g.*

**Как**ое **сегодня числ**о (neuter)?

Первое сентября

Девятое мая

# 7.3 Exercises

**Ex. 7.3.1** Complete the list of ordinal numbers.

| 11 | одиннадцат**ь** | одиннадцат**ый** |
|----|----|----|
| 12 | двенадцат**ь** | двенадцат**ый** |
| 13 | тринадцать | _____ |
| 14 | четырнадцать | _____ |
| 15 | пятнадцать | _____ |
| 16 | шестнадцать | _____ |
| 17 | семнадцать | _____ |
| 18 | восемнадцать | _____ |
| 19 | девятнадцать | _____ |
| 20 | двадцать | _____ |
| 21 | двадцать один | двадцать перв**ый** |
| 22 | двадцать два | _____ |
| 23 | двадцать три | _____ |
| 30 | тридцать | _____ |

**Ex. 7.3.2** Write the dates in word form using the ordinal numbers.

| | Январь | Февраль | Март | Апрель | Май | Июнь |
|----|----|----|----|----|----|----|
| ПН | 5 12 19 26 | 2 9 16 23 | 2 9 16 23 30 | 6 13 20 27 | 4 11 18 25 | 1 8 15 22 29 |
| ВТ | 6 13 20 27 | 3 10 17 24 | 3 10 17 24 31 | 7 14 21 28 | 5 12 19 26 | 2 9 16 23 30 |
| СР | 7 14 21 28 | 4 11 18 25 | 4 11 18 25 | 1 8 15 22 29 | 6 13 20 27 | 3 10 17 24 |
| ЧТ | 1 8 15 22 29 | 5 12 19 26 | 5 12 19 26 | 2 9 16 23 30 | 7 14 21 28 | 4 11 18 25 |
| ПТ | 2 9 16 23 30 | 6 13 20 27 | 6 13 20 27 | 3 10 17 24 | 1 8 15 22 29 | 5 12 19 26 |
| СБ | 3 10 17 24 31 | 7 14 21 28 | 7 14 21 28 | 4 11 18 25 | 2 9 16 23 30 | 6 13 20 27 |
| ВС | 4 11 18 25 | 1 8 15 22 | 1 8 15 22 29 | 5 12 19 26 | 3 10 17 24 31 | 7 14 21 28 |

| | | |
|----|----|----|
| Новый год New Year | 01/01 | _____ |
| Рождество Christmas | 07/01 | _____ |
| Старый Новый год Old New Year | 14/01 | _____ |
| Женский день Women's Day | 08/03 | _____ |
| День труда May Day | 01/05 | _____ |
| День Победы V-Day | 09/05 | _____ |
| День России Russia's Day | 12/06 | _____ |

# 7.4 SPECIAL FUNCTIONS: HOW LONG? Сколько времени (как долго?) WHEN? Когда?

| Сколько времени? | 1 | 2, 3, 4 | 5, 6 ... |
|---|---|---|---|
| [————] | год | года | лет |
| | месяц | месяца | месяцев |
| | неделю | недели | недель |
| | день | дня | дней |

| | |
|---|---|
| дети | children |
| смотреть | to watch |
| каникулы | holidays |
| год | year |
| месяц | month |
| неделя | week |
| день | day |
| час | hour |

Как долго Вы были в Москве? Я был там 3 дня.

Когда Вы были в Москве? Я был там 3 дня назад.

Сколько времени ваши дети смотрят телевизор?

Обычно 2 часа, но на каникулах 4 часа.

Когда у них будут каникулы? Через месяц.

## когда?

| in | | ago |
|---|---|---|
| через | год, месяц, неделю, день, час, минуту | назад |
| через | 2, 3, 4 года, месяца, недели, дня, часа, минуты | назад |
| через | 5, 20... лет, месяцев, недель, дней, часов, минут | назад |

# 7.4 Exercises

**Ex. 7.4.1**  Match the questions with the answers.

Сколько времени...

| | |
|---|---|
| Вы живёте в Лондоне? | 5 минут |
| Вы едете на работу? | 3 года |
| Вы смотрите телевизор? | 2 недели |
| Вы учились в университете? | 30 минут |
| Вы были в отпуске? | 2 часа |
| Вы обычно спите? | 40 минут |
| готовится кофе? | 7 часов |
| от Лондона до Парижа на поезде? | 6 лет |

| | |
|---|---|
| жить | to live |
| смотреть | to watch |
| учиться | to study |
| отпуск | holidays |
| обычно | usually |
| спать | to sleep |
| готовиться | to prepare |
| от | from |
| до | to |
| на | on |
| поезд | train |

**Ex. 7.4.2**  Complete the sentences following the example given.

Был (была / были) **or** буду (будешь, будет, будем, будете, будут)

Менеджер **будет** в офисе **через** 20 минут.

Андрей _____ дома 15 минут **назад**.

Анна _____ дома **через** 20 минут.

Туристы _____ ресторане **через** час.

Туристы _____ в гостинице час **назад**.

Антон _____ в Лондоне **через** 2 месяца.

Маша _____ в Москве 3 недели **назад**.

**Ex. 7.4.3**  Complete the sentences using the example below.

**через / назад**

Месяц **назад** студенты были в Москве.

_____ 2 недели я поеду в командировку.

3 дня _____ мы были в театре.

Автобус ушёл 5 минут _____ .

Шеф будет на работе _____ 10 минут.

# 8 PRONOUNS

## 8.1 UNINFLECTED AND DEMONSTRATIVE PRONOUNS ЭТО, ЭТОТ

Это (This is) — uninflected pronoun.
The demonstrative pronouns эта, это, этот, эти (this) agree in gender and number with the noun to which they refer.

Это моя собака. This is my dog.
Эта собака моя. This dog is mine.

Это мой хозяин. This is my owner.
Этот человек — мой хозяин. This man is my owner.

Этот компьютер Яна купила давно.

Это вино очень дорогое.

Эти часы не работают.

**Ex. 8.1.1** Connect the pronouns with suitable nouns.

| | |
|---|---|
| улица | street |
| книги | books |
| встреча | meeting |

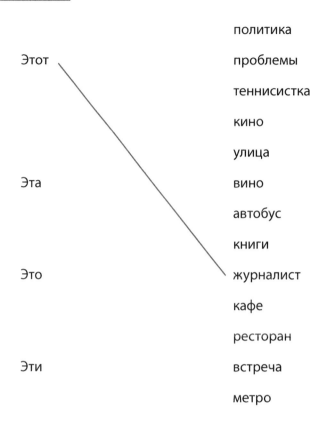

Этот

Эта

Это

Эти

политика

проблемы

теннисистка

кино

улица

вино

автобус

книги

журналист

кафе

ресторан

встреча

метро

**Ex. 8.1.2** Translate into Russian.

This car is mine. _____

This is my street. _____

This is my address. _____

These are my problems. _____

This telephone is not mine. _____

| | |
|---|---|
| такой | such |
| дорогой | expensive |
| нравиться | to like |
| прочитать | to read |
| большой | large |
| закрыто | closed |
| жаль | pity |
| нужны | needed |

**Ex. 8.1.3** Fill the gaps.

_____ мой новый телефон. _____ телефон такой дорогой. (это / этот)

_____ идея мне нравится. _____ очень интересная идея. (это / эта)

Я прочитал _____ контракт. _____ большой контракт. (это / этот)

_____ кафе закрыто. Жаль, _____ очень хорошее кафе. (это / это)

_____ мои документы. _____ документы мне не нужны. (это / эти)

# 8.2 POSSESSIVE PRONOUNS МОЙ, НАШ, ТВОЙ, ВАШ

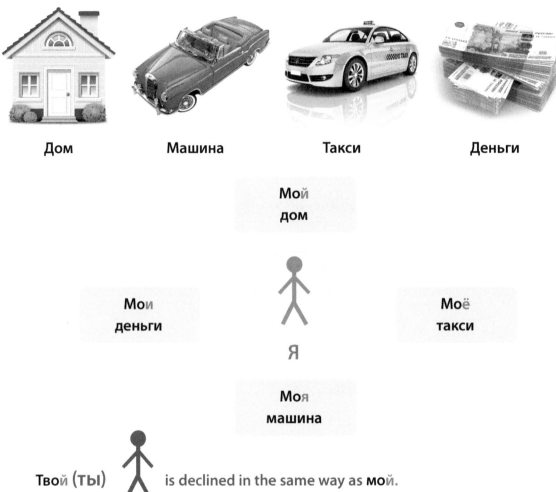

Дом          Машина          Такси          Деньги

**Мой**
**дом**

**Мои**
**деньги**

**Моё**
**такси**

Я

**Моя**
**машина**

Твой (ты)  is declined in the same way as мой.

**Ваш**
**дом**

**Ваши**
**деньги**

**Ваше**
**такси**

Вы

**Ваша**
**машина**

Наш (мы) is declined in the same way as ваш.

# 8.2 Exercises

**Ex. 8.2.1** Fill in the correct possessive pronoun.

Вот _____ семья.  Here is my family.

Это _____ жена, _____ сын и _____ дочь.

Где _____ ключи?  Where are your keys ?

Я не знаю, где _____ ключи.

**Ex. 8.2.2** Fill in the correct possessive pronoun.

(Я)      Это **мой** паспорт.  This is my passport.

(Я)      Это _____ фамилия и _____ адрес.

(Ты)     Это _____ фамилия и _____ адрес?

(Мы)     Это _____ улица и  _____ дом.

(Вы)     Это _____ улица и  _____ дом?

(Я)      Это _____ письмо и  _____ документы.

(Ты)     Это _____ письмо и  _____ документы.

(Мы)     Это _____ письмо и  _____ документы.

(Вы)     Это _____ письмо и  _____ документы.

# 8.3 POSSESSIVE PRONOUNS ЕГО, ЕЁ, ИХ

| Дом | Машина | Такси | Деньги |

**Он**

| Его машина | Его дом | Его деньги | Его такси |

**Она**

| Её машина | Её дом | Её деньги | Её такси |

**Они**

| Их машина | Их дом | Их деньги | Их такси |

**Ex. 8.3.1** Fill in the correct possessive pronoun.

Это Том.

Это _____ жена,

_____ сын

и _____ дочь.

Это Оля.

Это _____ муж,

_____ сын

и _____ дочь.

**Ex. 8.3.2** Fill in the correct possessive pronoun.

(Он)   Это **его** паспорт.   This is his passport.

(Он)   Это _____ билет и _____ место.

(Она)  Это _____ билет и _____ место.

(Они)  Это _____ билет и _____ место.

(Он)   Это _____ документы и _____ виза.

(Она)  Это _____ документы и _____ виза.

(Они)  Это _____ документы и _____ виза.

## 8.4 INTERROGATIVE PRONOUN ЧЕЙ

чей (чьё, чья, чьи)  whose

| | Чей это дом? | Чья это машина? | Чьё это такси? | Чьи это деньги? |
|---|---|---|---|---|
| |  |  |  |  |
|  Я | Мой | Моя | Моё | Мои |
|  Ты | Твой | Твоя | Твоё | Твои |
|  Мы | Наш | Наша | Наше | Наши |
| Вы | Ваш | Ваша | Ваше | Ваши |
|  Он | | | Его | |
|  Она | | | Её | |
|  Они | | | Их | |

# 8.4 Exercises

**Ex. 8.4.1** Fill in the correct interrogative pronoun.

_____ это телефон? Whose is this phone?

Это _____ телефон.

**Ex. 8.4.2** Fill in the appropriate form of чей, чья, чьё, чьи and possessive pronouns.

1. _____ это телефон?        Это (она) _____

2. _____ это место?          Это (Вы) _____

3. _____ это билеты?         Это (они) _____

4. _____ это автомобиль?     Это (я) _____

5. _____ это проблема?       Это (он) _____

6. _____ это адрес?          Это (она) _____

7. _____ это работа?         Это (ты) _____

8. _____ это книги?          Это (мы) _____

9. _____ это письмо?         Это (ты) _____

10. _____ это документы?     Это (они) _____

11. _____ это сувенир?       Это (он) _____

12. _____ это очки?          Это (я) _____

# 8.5 INTERROGATIVE PRONOUNS
## КТО, ГДЕ, ЧТО, ПОЧЕМУ, КОГДА, ОТКУДА, КАК

Кто? Who?

Где? Where?

Как? How?

Что? What?

Откуда? Where from?

Почему? Why?

Когда? When?

| | |
|---|---|
| здесь | here |
| делать | to do |
| прибыть | to arrive |
| долго | long time |
| быть | to be |

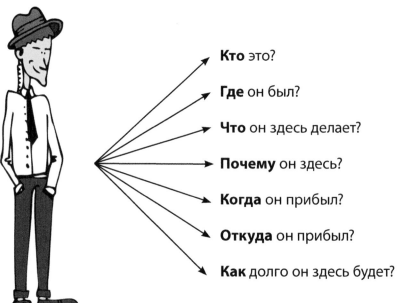

**Кто** это?

**Где** он был?

**Что** он здесь делает?

**Почему** он здесь?

**Когда** он прибыл?

**Откуда** он прибыл?

**Как** долго он здесь будет?

# 8.5 Exercises

**Ex. 8.5.1** Match the questions with the answers.

| | |
|---|---|
| **Кто** это? | В офисе. |
| **Где** он был? | Работает. |
| **Что** он здесь делает? | Вчера. |
| **Почему** он здесь? | Два дня. |
| **Когда** он прибыл? | Из Москвы. |
| **Откуда** он прибыл? | Иван. |
| **Как** долго он здесь будет? | Я не знаю. |

| | |
|---|---|
| вечером | in the evening |
| смотреть | to watch |
| гостиная | sitting room |

**Ex. 8.5.2** Put the questions to the highlighted words and answer them.

**Вечером** Том смотрит телевизор в гостиной. **Когда** Том смотрит телевизор? **Вечером**.

1. Вечером **Том** смотрит телевизор в гостиной. _____ смотрит телевизор?

   _____

2. Вечером Том **смотрит** телевизор в гостиной. _____ _____ Том вечером?

   _____

3. Вечером Том смотрит **телевизор** в гостиной. _____ Том смотрит вечером?

   _____

4. Вечером Том смотрит телевизор **в гостиной.** _____ Том смотрит телевизор?

   _____

# 8.6 RELATIVE PRONOUNS
## КТО, ГДЕ, ЧТО, ПОЧЕМУ, КОГДА, ОТКУДА, КАК

Кто Who

Как How

Откуда Where from

Где Where

Что What

Почему Why

Когда When

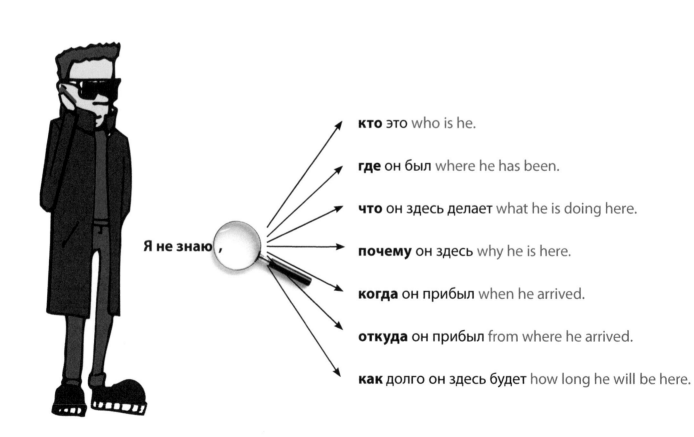

Я не знаю,

**кто** это who is he.

**где** он был where he has been.

**что** он здесь делает what he is doing here.

**почему** он здесь why he is here.

**когда** он прибыл when he arrived.

**откуда** он прибыл from where he arrived.

**как** долго он здесь будет how long he will be here.

# 8.6 Exercises

**Ex. 8.6.1** Fill in the appropriate relative pronoun to complete the sentence.

1. **что, кто, откуда**

Я знаю, **кто** мне звонил.

Антон спросил, _____ я буду делать.

Анна не знала, _____ приехали туристы.

2. **как, когда, где**

Я знаю, _____ Вас зовут.

Я не помню, _____ начало.

Я забыла, _____ мой телефон.

3. **кто, куда, почему**

Том рассказал, _____ он опоздал.

Оля спросила, _____ смотрел этот фильм?

Аня и Антон решили, _____ пойдут.

**Ex. 8.6.2** Fill in the appropriate relative pronoun to complete the sentence.

**откуда, где, что, как, когда**

Аня спрашивает, _____ работает Антон.

Я часто читаю то, _____ Антон пишет.

Но я не помню, _____ называется его газета.

Я спрашиваю, _____ она знает Антона?

Аня читала его статью, _____ была в библиотеке.

# 8.7 RELATIVE PRONOUN
## КОТОР**ЫЙ** (КОТОР**АЯ**, КОТОР**ОЕ**, КОТОР**ЫЕ**)
### WHICH, WHO

The ending must match the gender and number of the noun
which it replaces.

Антон надел очки. Очк**и** лежали на столе.

**Очки** ⟶ **котор**ые

Антон надел очки, котор**ые** лежали на столе.

Антон подошёл к окну. Окн**о** было открыто.

**Окно** ⟶ **котор**ое

Антон подошёл к окну, котор**ое** было открыто.

Антон увидел соседа. Сосед шёл домой.

**Сосед** ⟶ **котор**ый

Антон увидел соседа, котор**ый** шёл домой.

Антон увидел собаку. Собак**а** быстро бежала.

**Собак**а ⟶ **котор**ая

Антон увидел собаку, котор**ая** быстро бежала.

# 8.7 Exercises

**Ex. 8.7.1** Match **который/ая/ое/ые** with the appropriate phrase to complete the sentence.

| | |
|---|---|
| Теннисист — это человек, **который** | пишет в газете. |
| Балерина — это девушка, **которая** | учатся в школе. |
| Журналист — это человек, **который** | находится в Сибири. |
| Байкал — это озеро, **которое** | танцует в балете. |
| Школьники — это дети, **которые** | играет в теннис. |
| Плов — это блюдо, **которое** | учится в университете. |
| Студентка — это девушка, **которая** | готовят из риса. |

**Ex. 8.7.2** Fill in the correct form of **который/ая/ое/ые** to complete the sentence.

который, которая, которое, которые

Оля забыла паспорт, **который** лежит на столе.

У меня есть подруга, _____ хорошо готовит.

Мы видели афиши, _____ были в метро.

Туристы обедали в кафе, _____ было в гостинице.

Я видела человека, _____ покупал цветы.

Студенты искали гида, _____ говорит по-английски.

Звонит моя сестра, _____ сейчас живёт в Бостоне.

Мы покупаем продукты в супермаркете, _____ около метро.

**Ex. 8.7.3** Combine the two sentences into a single relative clause sentence using **который/ая/ое/ые.**

Мне нравится гостиница. Гостиница в центре города.

**Мне нравится гостиница, которая в центре города.**

Мы идём к музею. Музей совсем близко.

_____

Антон встретил друга. Друг был очень рад.

_____

# 8.8 NEGATIVE PRONOUNS AND ADVERBS

| | | | |
|---|---|---|---|
| **Ни**кто | nobody | **Ни**когда | never |
| **Ни**что (**ни**чего) | nothing | **Ни**куда | nowhere |
| **Ни**какой | none | **Ни**где | nowhere |

**!** **All these words are only used in negative sentences***

*Я **ни**где **ни**чего **не** вижу.

Кто тут был?
Куда вы шли?

**Ни**куда

**Ни**кто

# 8.8 Exercises

**Ex. 8.8.1** Match the appropriate negative pronoun to answer the question.

| | |
|---|---|
| Когда Вы купите машину? | Никто. |
| Куда Антон ходил вчера? | Никакой. |
| Кто сейчас звонил? | Нигде. |
| Что ты хочешь пить? | Никуда. |
| Где тут ресторан? | Никогда. |
| Какой доктор вам нужен? | Ничего. |

**Ex. 8.8.2** Fill in the appropriate negative pronoun to answer the question.

**никакое, никто, никуда**

Кто работает в воскресенье? **Никто** не работает.

Какое вино вам нравится? _____ не нравится, я не пью алкоголь.

Куда вы ездили в отпуск? _____ не ездили, мы были дома.

Кто выиграл сегодня? _____ не выиграл, ничья.

**ничего, никогда, нигде**

Где ваша соседка работает? Она _____ не работает.

Что ты ел утром? Я _____ не ел.

Когда Антон ходил в оперу? _____ не ходил, он не любит музыку.

**Ex. 8.8.3** Fill in the appropriate negative pronoun to complete the sentence.

**никакие, никто, ничего, никогда**

**Эти** советы мне помогли. **Никакие** советы мне **не** помогли.

**Этот человек** может всё. _____ _____ может всё.

Я **всё** помню. Я _____ _____ помню.

Я **всегда** хожу в спортзал. Я _____ _____ хожу в спортзал.

# 9

# CONJUNCTIONS

## 9.1 CONJUNCTIONS И, ИЛИ, А, НО

| и | and |
|---|---|
| или | or |

Ты хочешь мороженое или сок?
Можно мороженое и сок.

| а | |
|---|---|
| | but |
| но | |

У девушки чемодан, а не рюкзак. (Comparing)
У неё чемодан и сумка.
Чемодан большой, но лёгкий. (Contradicting)

# 9.1 Exercises

**Ex. 9.1.1** Match the conjunction with the appropriate connecting clause to complete the sentence.

|  |  |  |
|---|---|---|
|  | и | Таня — чай. |
|  | , а | пьёт его редко. |
| Антон любит кофе | , но | чай? |
|  | или | пьёт его каждое утро. |

|  |  |  |
|---|---|---|
|  | и | не купила? |
|  | , а | не прочитала её. |
| Таня купила газету | , но | Антон — книгу. |
|  | или | книгу. |

**Ex. 9.1.2** Fill in the correct conjunction to complete the sentence.

**а, но**

Он журналист, _____ не писатель.

Он не писатель, _____ пишет интересно.

**и, а, но**

Я слушаю, _____ ты не слушаешь.

Я слушаю _____ понимаю.

Я слушаю, _____ не слышу.

**или, а, но**

Антон играет в футбол, _____ Анна играет в теннис.

Антон играет в футбол, _____ не любит ходить в спортзал.

В субботу утром Анна играет в теннис _____ ходит в спортзал.

# 9.2 CONJUNCTIONS ПОТОМУ ЧТО, ПОЭТОМУ

| | |
|---|---|
| потому что | because |
| поэтому | therefore |

Why?

Result , потому что Cause

Антон не может открыть дверь, потому что он забыл ключи.

Why?

Cause , поэтому Result

Антон забыл ключи, поэтому он не может открыть дверь.

# 9.2 Exercises

**Ex. 9.2.1** Match the beginning of the sentence with the correct ending.

**1** Маша много читает, поэтому она

**2** Антон много работает, потому что он

**3** Борис любит спорт, поэтому он

**4** Яна сидит дома, потому что она

**5** Андрей отдыхает, поэтому он

**6** Сергей не звонит, потому что он

**7** Метро не работало, поэтому

а) смотрит телевизор.

б) играет в футбол.

в) должен закончить проект.

г) часто ходит в библиотеку.

д) больна.

е) туристы опоздали.

ж) очень занят.

**Ex. 9.2.2** Change the sentences from ex. 9.2.1 according to the example below.

Маша часто ходит в библиотеку, **потому что** она много читает.

_____

_____

_____

_____

_____

_____

**Ex. 9.2.3** Choose between **поэтому** and **потому что** to complete the sentences.

поэтому, потому что

Плохая погода, **поэтому** дети сидят дома.

Андрей хочет есть, _____ он ещё не ужинал.

Скоро Новый год, _____ мы купили подарки.

Надо идти в магазин, _____ дома нет молока.

Трудно купить билеты, _____ это хороший концерт.

Андрей плохо видит, _____ ему нужны очки.

Уже поздно, _____ музей закрыт.

Тому нужна виза, _____ он едет в Москву.

# 10

# PARTICLES

## 10.1 PARTICLES ЕЩЁ, УЖЕ

| | |
|---|---|
| **ещё** | still, yet |
| **уже** | already |

Яна, ты уже готова?

Ещё нет.

Дождь ещё идет?

Уже нет. На улице хорошая погода.

**Ex. 10.1.1**  Read the two caption below about Tom. Choose between **уже** and **ещё** to answer the questions.

10 лет назад

Сейчас

Том студент,

живёт в Кембридже,

играет в регби.

Том учитель,

живёт в Лондоне,

играет в регби.

Да, _____ студент.

Том студент?

Нет, _____ не студент.

Нет, _____ не работает.

Том работает?

Да, _____ работает.

Да, _____ живёт в Кембридже.

Том живёт в Кембридже?

Нет, _____ не живёт в Кембридже.

Да, _____ играет в регби.

Том играет в регби?

Нет, _____ не играет в регби.

# Table of verbs

## 1st and 2nd conjugation

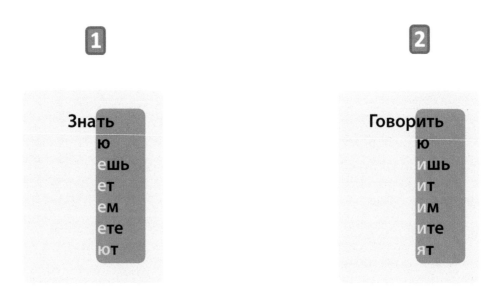

**1**

Знать
ю
ешь
ет
ем
ете
ют

**2**

Говорить
ю
ишь
ит
им
ите
ят

Verbs ending in **ить** are almost all second conjugation

! after letters г, к, х, ж, ч, щ, ц  У instead of  ю
A instead of  я

# Stem changes
## Stem of some verbs in the present tense could be different from the stem of their infinitive.

 **1st** conjugation: stem changes affect all the present forms.

| писать | Я | пишу | Мы | пишем |
|--------|-----|---------|-----|--------|
| to write | Ты | пишешь | Вы | пишете |
| | Он | пишет | Они | пишут |

**у, ут** after consonants
**ю, ют**    after vowels

When the ending is stressed   е ⟶ ё

| Ты | **едешь** | Мы | **едем** |
|-----|-----------|-----|----------|
| Он | **едет** | Вы | **едете** |

| Ты | **идёшь** | Мы | **идём** |
|-----|-----------|-----|----------|
| Он | **идёт** | Вы | **идёте** |

**2nd** conjugation: stem changes affect only first person singular.

| любить | Я | люблю | Мы | любим |
|--------|-----|---------|-----|--------|
| to love | Ты | любишь | Вы | любите |
| | Он | любит | Они | любят |

**Stem changes in the table**

**We use:** **second plural form** for    1st conjugation verbs
and **first  singular form** for    2nd conjugation verbs.

1st conjugation       **писать**       **Вы пишете**

2nd conjugation       **любить**       **Я люблю**

# RUSSIAN VERBS

| Imperfective | Stem changes | Perfective | Stem changes | |
|---|---|---|---|---|
| болеть | 1 | заболеть | 1 | to be ill |
| брать | 1 берёте | взять | 1 возьмёте | to take |
| быть | 1 будете | | | to be |
| видеть | 2 вижу | увидеть | 2 увижу | to see |
| вспоминать | 1 | вспомнить | 2 | to remember |
| встречать | 1 | встретить | 2 встречу | to meet |
| говорить | 2 | сказать | 1 скажете | to talk |
| готовить | 2 готовлю | приготовить | 2 приготовлю | to cook |
| гулять | 1 | | | to walk |
| давать | 1 даёте | дать* | | to give |
| дарить | 2 | подарить | 2 | to give a present |
| делать | 1 | сделать | 1 | to do |
| думать | 1 | | | to think |
| есть* | 2 | съесть | 2 | to eat |
| ехать | 1 едете | поехать | 1 поедете | to go |
| ждать | 1 ждёте | подождать | 1 подождёте | to wait |
| желать | 1 | пожелать | 1 | to wish |
| жить | 1 живёте | | | to live |
| забывать | 1 | забыть | 1 забудете | to forget |
| завтракать | 1 | позавтракать | 1 | to have breakfast |
| задавать | 1 задаёте | задать** | | to ask a question |
| запоминать | 1 | запомнить | 2 | to remember |

| Imperfective | Stem changes | Perfective | Stem changes | |
|---|---|---|---|---|
| вать [1] | зовёте | позвать [1] | позовёте | to call |
| вонить [2] | | позвонить [2] | | to call |
| нать [1] | | | | to know |
| играть [1] | | сыграть [1] | | to play |
| дти [1] | идёте | пойти [1] | пойдёте | to go |
| изучать [1] | | изучить [2] | | to study |
| ончать [1] | | кончить [2] | | to finish |
| урить [2] | | | | to smoke |
| ежать [2] | | | | to lie |
| юбить [2] | люблю | | | to like |
| ечтать [1] | | | | to dream |
| мочь* [1] | | смочь* [1] | | to be able to |
| ачинать [1] | | начать [1] | начнёте | to begin |
| бедать [1] | | пообедать [1] | | to dine |
| канчивать [1] | | окончить [2] | | to finish |
| паздывать [1] | | опоздать [1] | | to be late |
| твечать [1] | | ответить [2] | отвечу | to answer |
| тдыхать [1] | | отдохнуть [1] | отдохнёте | to rest |
| ткрывать [1] | | открыть [1] | откроете | open |
| еть [1] | поёте | спеть [1] | споёте | to sing |
| окупать [1] | | купить [2] | куплю | to buy |
| исать [1] | пишете | написать [1] | напишете | to write |

# RUSSIAN VERBS

| Imperfective | Stem changes | Perfective | Stem changes | |
|---|---|---|---|---|
| пить **1** | пь**ё**те | **вы**пить **1** | вы**пь**ете | to drink |
| повтор**я**ть **1** | | повтор**и**ть **2** | | to repeat |
| показы**в**ать **1** | | показать **1** | пока**ж**ете | to show |
| получ**а**ть **1** | | получ**и**ть **2** | | to receive |
| помог**а**ть **1** | | по**мочь**** **1** | | to help |
| пон**и**мать **1** | | понять **1** | пойм**ё**те | to understand |
| прос**и**ть **2** | про**ш**у | **по**просить **2** | попро**ш**у | to ask |
| посы**л**ать **1** | | послать **1** | по**шл**ёте | to send |
| приглаш**а**ть **1** | | приглас**и**ть **2** | пригла**ш**у | to invite |
| продолж**а**ть **2** | | | | to continue |
| работать **1** | | | | to work |
| разговаривать **1** | | | | to speak |
| рассказы**в**ать **1** | | рассказать **1** | расска**ж**ете | to talk |
| реш**а**ть **1** | | реш**и**ть **2** | | to decide |
| рисовать **1** | рису**е**те | **на**рисовать **1** | нарису**е**те | to draw |
| сид**е**ть **2** | си**ж**у | | | to sit |
| слушать **1** | | **по**слушать **1** | | to listen |
| смотр**е**ть **2** | | **по**смотреть **2** | | to watch |
| спать **2** | с**пл**ю | | | to sleep |
| спра**ш**ивать **1** | | спрос**и**ть **2** | спро**ш**у | to ask |
| стать **1** | ста**н**ете | | | to become |
| сто**и**ть **2** | | | | to cost |

| Imperfective | Stem changes | Perfective | Stem changes | |
|---|---|---|---|---|
| оять | **1** стоите | | | to stand |
| роить | **2** | построить | **2** | to build |
| нцевать | **1** танцуете | станцевать | **1** | to dance |
| жинать | **1** | поужинать | **1** | to have supper |
| | | умереть* | | to die |
| тавать | **1** устаёте | устать | **1** устанете | to get tired |
| ить | **2** | выучить | **2** | to teach |
| отографировать | **1** фотографируете | сфотографировать | **1** сфотографируете | to photograph |
| дить | **2** хожу | | | to walk |
| теть* | | | | to want |
| итать | **1** | прочитать | **1** | to read |
| вствовать | **1** чувствуете | почувствовать | **1** почувствуете | to feel |

## IRREGULAR VERBS

| мочь** | дать** | есть* | хотеть* |
|---|---|---|---|
| могу | дам | ем | хочу |
| можешь | дашь | ешь | хочешь |
| может | даст | ест | хочет |
| можем | дадим | едим | хотим |
| можете | дадите | едите | хотите |
| могут | дадут | едят | хотят |

| умереть | Past tense: | умер, умерла, умерли |
|---|---|---|

# Table of interrogative pronouns

| Nominative | Кто? Что? | | Маша любит школу. Школа близко. |
|---|---|---|---|
| Accusative | Кого? Что? | | Маша любит школу. |
| | Когда? | в | Она играет в теннис в воскресенье. |
| | Куда? | в, на | Автобус идёт в центр. |
| Genitive | Кого? Чего? | | Это дом друга. |
| | Чей? Чьё? Чья? | | Это школа Маши. |
| | Сколько? | | Два вечера. |
| | У кого? У чего? | у | У брата есть телефон. |
| | Откуда? | из, с | Он звонит из дома. |
| Dative | Кому? Чему? | | Маше 15 лет. |
| | К кому? К чему? | к | Маша идёт к брату. |
| Instrumental | Кем? Чем? | | Она занимается теннисом. |
| | С кем? С чем? | с | Она играет в теннис с братом. |
| Prepositional | О ком? О чём? | о | Фильм о балете. |
| | На чём? | на | Брат ездит на велосипеде. |
| | Где? | в, на | Школа в центре. |

# Time expressions and cases

| | | | |
|---|---|---|---|
| **Accusative** | Когда? | **в** | В субботу |
| | | **через** | Через месяц |
| | | **назад** | Неделю назад |
| | Сколько? | | Год, неделю |
| **Genitive** | Сколько? | | Два часа |
| | Когда? | | 5 января |
| **Dative** | Сколько лет? | | Маше 15 лет. |
| **Instrumental** | Когда? | | Весной, зимой, летом, осенью |
| **Prepositional** | Когда? | **в** | В январе, в феврале, в марте |

# Key to Exercises

## Unit 2

**2.1.1** Мария: оптимистка, актриса, спортсменка, итальянка

Бен: пессимист, профессор, экономист, американец

**2.1.2** **Masculine** адрес, паспорт, кредит, бизнес, чай, коньяк, офис, телефон, бар, клиент, брат

**Neuter** метро, письмо, кино, радио

**Feminine** мама, опера, фамилия, водка, компания, система, сестра

**2.1.3** мой адрес / паспорт / брат; моя мама / виза /проблема; моё метро / кафе

**2.2.1** Спортсмены, сувениры, часы, стадионы, рестораны.

Рубли, музеи, гости, трамваи, словари.

Страны, визы, оперы, программы, фирмы.

Недели, фамилии, профессии, семьи, экскурсии.

Этажи, уроки, банки, ножи, парки.

Книги, кошки, студентки, спортсменки, артистки.

**2.2.2** Встречи. Концерты. Футболисты. Документы. Ключи. Завтраки. Туристки.

## Unit 3

**3.1.1** 1. Кто это? 2. Что это? 3. Что это? 4. Кто это? 5. Кто это? 6. Что это? 7. Кто это?

8. Кто это? 9. Что это? 10. Что это?

**3.1.2** 1. Мы 2. Я 3. Они 4. Вы 5. Он 6. Ты 7. Она

**3.1.3** Он Она Они

**3.2.1** в ресторан, в музей, в театр, в гостиницу, на стадион, на улицу, на работу, на концерт

**3.2.2** 1. В Россию. 2. На работу, в ресторан. 3. В университет, на лекцию, в спортзал.

4. В пятницу, в Италию, в Рим, в Пизу.

**3.2.3** в четверг, в понедельник, в среду, в воскресенье, в пятницу, во вторник, в субботу

**3.2.4** 1. Контракт, книгу, детектив, газету. 2. План, письмо, договор, статью.

3. Музыку, джаз, песню, концерт. 4. Театр, артиста, музыканта, балет.

**3.2.5** 1. Балет, оперу. 2. Молоко, сыр, воду. 3. Гостиницу, номер. 4. Телефон, адрес.

5. Салат, пиццу. 6. Физику, математику. 7. Футбол, гольф. 8. Лекцию, книгу.

9. Коктейль, друга.

**3.2.6** 1. Профессора, профессора. 2. Студентку, её. 3. Журналиста, его. 4. Их. 5. Его, её.

6. Спонсора, его. 7. Вас, меня, тебя.

**3.2.7** 1. Я – их 2. Мы – его 3. Она – их 4. Он – её. 5. Вы – меня. 6. Они – нас. 7. Он – вас.

**3.3.1** города, коктейля, супа, Анны, ресторана, музея, театра, Баха, фирмы,

вина, компании

**3.3.2** Оксфорда, России, Лондона, банка, рынка, Киева, диска, Китая, Москвы

**3.3.3** у студента, у журналиста, у теннисистки, у программиста, у директора, у музея,

у фирмы, у партнёра, у Анны, у музыканта

**3.3.4** у вас, у нас, у неё, у него, у них, у вас, у тебя, у меня, у них

**3.3.5** банана, принтера, минуты, системы, года, секунды, рубля, часа, работы, салата

**3.3.6** адреса, мобильника, системы, плана, контракта, визы, Интернета, телефона, проблемы, машины, ключа, паспорта, спонсора, программы

**3.4.1** студенту, сыну, бабушке, коту

**3.4.2** Туристу, гостю, студентке.   Мальчику, маме.   Брату, ему.

**3.4.3** мне, ей, вам, тебе, нам, ему

**3.4.4** Маме, брату, сыну.   Антону, Ане, Ивану, Андрею.   Сестре, другу.
Маше, Степану.   Менеджеру, директору, юристу.

**3.4.5** Вы, ему.   Она, нам.   Я, им.   Мы, тебе.   Они, ей.   Он, вам.

**3.4.6** спортсмену, Яне, бабушке, менеджеру
сестре, окну, выходу, доктору, клиенту, собаке, морю
чаю, мясу, театру, музыке, юристу

**3.5.1** программистом, официанткой, спортом, теннисом, музыкой, инженером, генералом, актрисой, чемпионом

**3.5.2** Художником, юристом.   Балериной, балетом.   Женой, бегом.
Парком, другом.   Собакой.

**3.5.3** с праздником, годом, молоком, клиентом, визой, рыбой, майонезом, Интернетом, сыром, банком

**3.5.4** Мы, с ней.   Они, с нами.   Я, с ними.   Вы, со мной.   Он, с вами.
Она, с тобой.   Ты, с ним.

**3.6.2** в гараже, на работе, в банке, в гостинице, в сейфе, в доме , в квартире, в баре, в ресторане, балете

**3.6.3** Норвегии, Франции, Англии, Испании, Японии, России

**3.6.4** Петербурге, улице, доме.   Париже, музее.   Москве, фирме.   Центре, театре.

**3.6.5** музыке, джазе, экономике, мафии, футболе, России, Шекспире

**3.6.6** августе, сентябре, ноябре, Японии, июле, даче, России, январе, Европе, декабре

**3.6.7** Мы, о ней.   Они, о нас.   Я, о них.   Вы, обо мне.   Он, о Вас.   Она, о тебе.   Ты, о нём.

**3.8.1** 1. Москвы, Москву, Москве   2. Лондона, Лондоне, Лондон
3. театр, театра, театре   4. работу, работе, работы

**3.8.2** 1. откуда   2. куда   3. где   4. куда   5. где   6. откуда


## Unit 4

**4.1.2** Новое, красивое, тихое.   Вкусная, низкие.   Высокий, белые, удобная, старая, приятная.

**4.2.2** Занят, свободен.   Свободна, занята.   Заняты, свободны.
Открыты, закрыты.   Открыто, закрыто.   Закрыт, открыт.

**4.3.1** Здесь очень холодная погода. Здесь холодно.
Здесь тёплый климат. Сегодня тепло.

**4.3.2** активно, дорого, спокойно, интересно, красиво, легко, талантливо, плохо, свободно, серьёзно, современно, трудно

**4.3.3** Хороший, хорошо.   Вкусно, вкусные.   Дорого, дорогая.
Известный, прекрасно.   Красивая, тепло.   Интересная, быстро.

**Unit 5**

**5.1.3**  смотрела, были, купил, был, играли, была, ходил, пил

**5.2.2**  ю, ешь, ет, ет, ем, ете, ют

**5.2.4**  я, он, вы, мы, они

**5.2.5**  Отдыхаете, отдыхаем.   Опаздываешь, опаздываю.   Покупают, покупает, покупает.

**5.3.2**  ю, ишь, ит, ит, им, ите, ят

**5.3.4**  я, он, вы, мы, они

**5.3.5**  помнишь, помню      сидите, сидим      говорят, говорит, говорит

**5.5.1**  писал, готовил, звонила, играл, учили, покупала, смотрел, пили, читал

**5.5.2**  написал, приготовил, позвонила, выиграл, выучили, купила, посмотрел, выпили,  прочитал

**5.6.1**  прочитает, выпьем, напишите, позвоню, поужинают

        купит, посмотрит, построим, приготовит, сделает

**5.6.2**  будет, будем, будем, будешь, буду, будем

        буду работать, будете делать, буду писать, будет разговаривать


**Unit 6**

**6.1.2**  идёшь, иду, идут, идёте, идём, идёт

**6.1.4**  едут, едет, едешь, еду, едете, едем

**6.1.5**  идёшь, иду, идёт, идёте, идём, идут

        едут, едет, едет, едешь, еду, едете, едем

**6.1.6**  я, туристы, Маша, ты, вы, мы

        студенты, вы, Антон, мы, ты, я

**6.2.2**  хожу, ходите, ходим, ходит, ходят

**6.2.4**  ездят, ездит, ездишь, езжу, ездите, ездим

**6.2.5**  Иду, ходим. Ходит, идёт. Идёшь, ходить.

        Едут, ездят. Ездит, едет. Еду, езжу.

**6.2.6**  Едете, едем. Идёте, иду.

        Ходить, ездить. Ездили, ездили. Ходите, хожу.


**Unit 7**

**7.2.3**  тридцать четыре, сорок шесть, пятьдесят восемь, семьдесят, восемьдесят два, девяносто
        четыре, сто шесть, сто восемнадцать

**7.3.2**  первое января, седьмое января, четырнадцатое января, восьмое марта, первое мая,
        девятое мая, двенадцатое июня

**7.4.2**  был, будет, будут, были, будет, была

**7.4.3**  через, назад, назад, через

## Unit 8

**8.1.2** Эта машина моя. Это моя улица. Это мой адрес. Это мои проблемы. Этот телефон не мой.

**8.1.3** Это, этот.   Эта, это.   Этот, это.   Это, это.   Это, эти.

**8.2.1** Моя, моя, мой, моя.   Ваши, мои.

**8.3.1** Его, его, его. Её, её, её.

**8.4.2** 1. чей, её  2. чьё, Ваше  3. чьи, их  4. чей, мой  5. чья, его  6. чей, её
7. чья, твоя  8. чьи, наши  9. чьё, твоё  10. чьи, их  11. чей, его  12. чьи, мои

**8.5.2** 1. кто  2. что делает  3. что  4. где

**8.6.1** 1. кто, что, откуда  2. как, когда, где  3. почему, кто, куда

**8.6.2** где, что, как, откуда, когда

**8.7.2** которая, которые, которое, который, который, которая, который

**8.8.2** никакое, никуда, никто, нигде, ничего, никогда

**8.8.3** никто, ничего, никогда

## Unit 9

**9.1.2** а, но   а, и, но   а, но, и

**9.2.1** 1. г  2. в  3. б  4. д  5. а  6. ж  7. е

**9.2.3** потому что, поэтому, потому что, потому что, поэтому, поэтому, потому что

## Unit 10

**10.1.1** уже, ещё, уже, ещё

Lightning Source UK Ltd.
Milton Keynes UK
UKOW07f0612180117

292336UK00001B/2/P